公立小・中・高から

東大に合格した3兄弟の母は何をしたのか？

杉政光子

大和書房

はじめに

気づくと3人の息子たちが東京大学に入っていました。そして気づくと3人とも大学を卒業し、家から独立していました。眠り姫だったわけではありません。とても忙しかったのです。

息子たちが小学生だった頃、私は自宅でピアノ・エレクトーン教室を開きました。数年後には生徒数が20人を超え、私は楽譜を点字に翻訳するボランティア活動も始めました。私が2つの仕事を同時にこなし、毎日レッスン・編曲・翻訳に追われていた時期に、長男が東大に合格しました。

長男が合格してから2年ほどたった頃、多忙が祟ったのか、私は突発性難聴という難病を発症しました。入院して治療を受けましたが回復せず、退院後も通院治療を続けました。この時期に次男が東大に合格しました。

その後、私は原因不明の体調不良に悩まされるようになり、いくつもの病院を訪ねては診察と治療を受けました。この時期に三男が東大に合格し、また長男と次男が大学を卒業して家から独立しました。

それからしばらくして夫が脳出血で倒れました。看病と介護の日々が続く中、2015年、三男が大学院を卒業して家から独立しました。このように、私が仕事姫→病気姫→介護姫と出世する間に、息子たちは東大に入り、卒業し、独立していったのです。

私と夫の治療・リハビリが進み生活に落ち着きが取り戻されたのは、三男が独立した翌年でした。夫婦2人しかいない静かな家の中で、私は退屈姫という名誉職に就任しました。暇を持て余すようになったのです。息子たちに電話をかけるのが主たる職務です。息子たちに何度も電話をかけたところ、長男から言われました。

「理Ⅲ兄弟のお母さんのように子育てに関する本でも書いてみたら？」

私は即答しました。

「何を書くの？」

姫から姫へとひたすら出世してきた私には息子たちに何か特別なことをしたという記憶がないのです。教育費の支出もほとんどありませんでした。息子たちそれぞれが大学受験生だったときの教育費は次の通りです。

長男……5000円／月
次男……5000円／月
三男……0円／月

短期講習の料金は長男0円、次男15万円、三男18万円でした（夏冬合計）。また、長男が高校に入学してから三男が東大に合格するまでの9年間に購入した書籍の総額は2万円でした。

長男から本の執筆をすすめられた私は昔のことを思い出す作業を行ってみました。すると、仕事と病気以外の記憶がぽつぽつと出て参りましたので、それらを一つひとつ紹介していきたいと思います。

公立小・中・高から東大に合格した3兄弟の母は何をしたのか?●目次

序章 子育て方針は「1人で生きる力をつける」

第1章

本で学ばせてから、実物で学ばせる

第2章

上手に「誘導」する

第3章

勉強に関すること【小中学生】

第4章 勉強に関すること【高校・浪人生】

第5章 親の役割

第6章 Q&A

著者と3人の息子たちについて

杉政 光子

1956年生まれ。ピアノとエレクトーンの講師。主婦。地方の公立大学出身。千葉県在住。

長男

県立千葉高校卒業。一浪して東大文科Ⅰ類に合格。東大法学部卒業。実験が大好き。

次男

県立千葉高校卒業。東大文科Ⅱ類に現役合格。東大経済学部卒業。アニメが大好き。

三男

県立千葉高校卒業。一浪して東大理科Ⅱ類に合格。東大理学部卒業。2015年、同大大学院博士課程修了。育児で大忙し。

※杉政パパ（3兄弟の父）

日本大学卒業。製造業の職人で酒とタバコが好きだった。脳出血で倒れてからは禁酒と禁煙をがんばっている。

序章

子育て方針は「1人で生きる力をつける」

自立を急いだ理由

私が高校2年生になった年の初夏、母は乳がんと診断され手術を受けました。母は腕を動かせなくなるほど広範囲にわたって胸部とその周辺を切除されました。がんを根こそぎ取ってもらったからもう大丈夫だろうと私は思っていましたが、のちに転移が見つかり、初診の5年後に亡くなりました。享年44歳でした。

その後、私は結婚し長男と次男を産みました。そして三男がお腹の中にいるときに30歳になりました。すると私は不安と恐怖に悩まされるようになりました。

「母と同じように私も30代でがんになり、早死にするのではないか」

私は不安が湧き起こるたびに自分に言い聞かせました。

「食生活に気をつけて早期発見を心がければ大丈夫」

しかし、不安は強まる一方でした。胃が痛くなれば胃がんを疑い、舌に痛みを感じれば舌がんを疑い、頭痛がすれば脳腫瘍を疑うようになりました。母の享年まで生きられないような気がしてきた私はある日計算を行いました。自分が何歳で死んだらそのとき息子たちは何歳なのかを算出したのです。

「私が41歳で死んだら、下2人は小学生か……」

「35歳で死んだら、下2人はまだ幼稚園生……」

不幸の方程式をいくつも解いた後、私は決意しました。

「私が早くに死んでしまっても息子たちが自分の力でしっかり生きていけるように鍛えよう」

こうして私は息子たちの早期の自立を目指して彼らの訓練を開始しました。

自立に向けた訓練① 水泳

私は浮き輪を使わずに海や川で泳ぐことができます。服を着たまま立ち泳ぎをすることもできます。子どもの頃、父から特訓を受けました。

一方、夫は結婚当初は泳げない人間でした。夫がカナヅチですと子育てに大きな支障があります。例えば、私たち家族5人が乗った船が万一転覆した場合、子ども3人のうち2人は私が岸まで運ぶので助かります。しかし残り1人は溺死してしまいます。夫はカニやイシガキダイのエサになるでしょう。私は夫が水辺で役に立つよう、この人をスイミングスクールに入れました。

その後、私は自分の死後に夫と息子たちが船に乗っているところを想像し、問題点を見出しましたので、彼らを3人ともスイミングスクールに入れました。

私はバタフライのことを《習得してもしなくても水辺での生存率に差が生じない泳法》であると考えていましたので、夫と息子たちがクロールと背泳ぎと平泳ぎを習得した時点でスクールをやめさせました。

自立に向けた訓練② 夜間行軍

次男と三男がまだ小学生だった頃のある日、私は友人からオーバーナイトハイクの誘いを受けました。市内1周約40キロを一晩かけて歩くというイベントです。市か町内会が主催したものだったと思います。

私はオーバーナイトハイクの概要を聞いたとき、よいイベントだと思いました。夜通し歩き続けるオーバーナイトハイクで夜間行軍のコツを摑めれば、大地震や空襲に見舞われたときに役立つからです。

オーバーナイトハイクに参加したいかどうか息子たちに尋ねたところ、当時小4だった三男だけが参加を希望しました。スタートから12時間後、市内を1周して戻ってきた三男は夜通し歩き続けたとは思えないくらい元気でした。

「来週もあるなら行きたい」

彼がこのように言ったことを私はよく覚えています。

翌年のオーバーナイトハイクには次男と三男が参加しました。2人が帰宅したとき、三男はとても元気でした。関東が瓦礫の山となったときは三男が先頭に立って避難誘導をしてくれるのだろう、と私は思いました。

自立に向けた訓練③ 懲役（家事）

息子たちが小中学生だった頃、私は毎年夏休みの初日に《報酬金額表》をリビングの壁に貼りました。

〈例〉
米とぎ、ゴミ出し……10円
調理器具の洗浄……20円
洗濯……50円
トイレそうじ……１００円
庭木の手入れ……３００円

表に書かれた全15種類ほどの家事の中から毎日２つを選んで実行することを、私は息子たちに義務づけました。彼らに家事を覚えさせたかったからです。報酬は毎年８月31日にまとめて支払いました。

ある年の夏休み、私は不正行為に気づきました。長男が弟たちに金を渡して自分の家事をやらせていたのです。私は家事の習得を妨げるそのような行為を禁止し、壁の報酬表に「下請け禁止」とマジックで大きく書きました。翌年以降もそう書きました。

「安い報酬で強制労働って刑務所みたいだな」

あるとき夫が夕食の席でこのような余計なことを言いました。そのせいで長男は家事のことを「懲役」と呼び、色々と文句を言いました。すると、それを聞いていた次男が言ったのです。

「お母さんは夏休み以外もタダで懲役して大変だね」

私はこの言葉を聞いたとき、とてもうれしく、また報われた気持ちになりました。

夏休み限定の《懲役》は家事の方法だけでなく、家事の大変さ、家事をしてくれる人がいることのありがたさも子どもに教えてくれるようです。おすすめです。

自立に向けた訓練④

時空のゆがみを超えて1人旅

(1)千葉県の時空のゆがみ

私の自宅は千葉県船橋市にあります。

自宅から私の実家(三重県)までは直線距離で400キロ、バスと電車で6時間かかります。

自宅から夫の実家(千葉県市川市)までは直線距離で10キロ、バスと電車で1時間半かかります。

このように数字を並べてみますと、《1時間半》という数字が異常に大きなものに見えますので、私には夫の実家の方が自分の実家よりも遠くにあるように感じていました。私がこの話をするたびに、夫はつぶやいていました。

「市の境界線の時空がゆがんでいるか、新幹線が偉大すぎるのが原因だろうな……」

私は時空のゆがんだ境界線の向こうにある夫の実家に長男を1人で行かせることを決め

ました。彼が9歳だったときのことです。

それまで1人で電車に乗ったことのなかった長男に切符の買い方と乗り換えの方法を学ばせることが目的でした。無事ゴールするには《バス→私鉄→JR→バス》と乗り継ぐ必要がありました。今思えば、初めて1人で電車に乗る9歳児にこのミッションは難しすぎたかな、という気がします。

春休み中のある日、午前10時頃、長男は1人で自宅を出発しました。いざ彼を送り出してみると、私の胸には色々な心配が湧いてきて落ち着きませんでした。出発から1時間半後、無事到着したことを知らせる電話が夫の実家からかかってきました。その1時間後、長男が体調を崩したことを伝える電話が義母からかかってきました。長男はタクシーで帰ってきました。

(2) 名古屋駅の時空のゆがみ

この訓練の効果は4ヵ月後に現れました。同じ年の8月、私と息子たちは例年通り三重県に帰省したのですが、出発の際、長男が言いました。

「僕が前を歩くから、後ろからついてきて」

私は彼に帰省の先導をお願いすることにしました。しかし内心ではとても心配でした。というのも、自宅から私の実家まで当時は《バス→私鉄→JR→新幹線→特急→特急》と乗り継ぐ必要があった上に、新幹線と特急の乗り換えが当時も今もかなり難しいからです。名古屋駅で新幹線を降りたときに《南口階段》を降りればスムーズに近鉄に乗り換えられるのですが、うっかり隣の《北口階段》を降りてしまうと、近鉄のホームになかなかたどり着けないのです。北口階段には時空のゆがみがあるのです。

自宅を出発した後、長男は新幹線に乗るところまでは問題なく先導してくれました。しかし案の定、名古屋駅で私と次男と三男は北口階段へと誘導されてしまいました。そのまま進むと乗り換えに間に合わない恐れがありましたので、私は誤りを指摘するべきか悩みました。

しかし私は口出ししないことを決めました。乗り換えに間に合っても間に合わなくても彼にとってはよい経験になると思ったからです。近鉄のホームで食べ物を買う時間はなくなりましたが、幸い、乗り換えには何とか間に合いました。

三重から千葉へ戻るときも長男が先導してくれました。帰りは乗り換えに何の問題も起きませんでした。帰宅後、私は長男をほめてから名古屋駅の話をしました。

「北口階段を降りてはダメ！」

このような言い方をしたら、失敗体験として長男の記憶に残ってしまいますので、私は

「名古屋駅には裏技ルートがあるんだよ」

というような言い方で南口階段の説明をしました。


翌年以降も4～5回ほど長男に帰省の先導をしてもらいました。

「総武線と新幹線は青い看板！　名古屋は北口北枕！」

長男は毎回このような呪文をつぶやいていました。


私は時空のゆがんだ境界線の向こうにある夫の実家に次男と三男を一緒に行かせることを計画しました。2人が小学校の中学年だったときのことです。しかし義父母の入院・葬儀が立て続けに起こったため、実行できませんでした。

2人には三重県への帰省の先導を3回ほどしてもらいました。彼らは名古屋駅の北口階段をきちんと回避することができました。彼らが北口階段を回避できたのは新幹線を降り

た所にたまたま南口階段があったからだったような気がします。

名古屋駅とその周辺は日々開発が進んでいますので、そのうち北口階段の時空のゆがみは工事によって取り除かれるかもしれません。しかし、あのゆがみは子どもが電車乗り換えの奥深さを知るのに役立つものだと思いますので、除去せず温存する方がよいように思います。

自立に向けた訓練⑤ ○○送り

長男が小学4年生だった年の冬、私は彼を福島県の台鞍山《だいくらやま》に行かせました。また、次男と三男が小学校の高学年だった年の夏、私は2人を北海道の網走に行かせました。

「親も親戚も知り合いもいない所で数日間生活させれば自立心が養われるだろう」

このように考えて実行しました。

私は長男には出発2日前までこのイベントのことを知らせませんでした。伝えてしまうと不安や心配で体調を崩してしまう恐れがあったからです。死刑囚に刑の執行日を前もって教えないのとだいたい同じです。無事帰宅した息子たちはこれらのイベントのことを「福島送り」「網走送り」と呼ぶようになりました。

福島県ではスキー教室の方々が、北海道ではホストファミリーの方々がお世話をしてくださいました。私は市の青少年育成事業を利用して子どもたちを送りましたので、費用はほとんどかかりませんでした。

自立に向けた訓練⑥　キャンプ

私は息子たちを年2回キャンプへ連れて行くことをルールにしていました。彼らをたくましい男子にしたかったからです。キャンプに連れて行くのは5月のゴールデンウィークと夏休み中と決めていました。

ゴールデンウィークのキャンプ場所は毎年同じで《県民の森》という公園でした。自宅から車で10分のところにある森林公園です。夏休みのキャンプ場所は山梨、栃木、茨城などの川辺や湖畔でした。毎年キャンプの計画を立てて準備をしたのは私です。夫には人と物の輸送をしてもらいました。

ここではゴールデンウィークのキャンプについてお話しします。

キャンプ初日

キャンプ場に到着してテントの設営が終わると、私はいつもカマド作りの指示を息子たちに出しました。カマドの数は1人につき1基、合計3基です。彼らそれぞれに火の起こし方や焚き火料理の作り方を学ばせるためです。息子たちはブロックでカマドを3つ作った後、枯れ葉と小枝を中に敷き、その上に薪を組んで着火し、夕方まで火遊びを楽しみました。

夕方になると、皆でカレーの材料を切って1つの鍋に入れ、研いだ米は2つの飯盒《はんごう》に入れました。これら3つを息子たち3人がカマド3基を使って調理しました。息子たちは最初から最後まで地獄の業火で料理しようとする子でしたので、私は毎回火力調節の指示を出しました。彼らはなかなか飯盒炊飯の手順を覚えませんでした。

キャンプ2日目

翌朝、起床した息子たちが3つのカマドに火を起こすと、私は3人に仕事を割り当てました。《パンを焼く作業》と《卵・ソーセージを茹でる作業》と《コーヒー・紅茶用の湯を沸かす作業》の3つです。朝食後、息子たちは昼まで火遊びをし、昼食後は夕方まで火遊びをしました。

キャンプ2日目の晩はバーベキューをするのが定番でした。火が出ないよう気をつけて調理する間に溜め込んだ鬱憤を晴らすためなのか、彼らは食後、焼く物がないのにカマドで地獄の業火を作り出して遊んでいました。

キャンプ3日目

最終日の朝、私たちは前日と同じように朝食を取った後、テントをたたみ、車を10分間走らせて家に戻りました。

第1章

本で学ばせてから、実物で学ばせる

子どもが1歳になったら、図鑑を読み聞かせて実物を見せる

好奇心を湧かせると観察・考察が始まる

長男が1歳になったとき、私は動物図鑑、昆虫図鑑、魚図鑑など様々な図鑑を購入し、毎日のように一緒に読みました。そして、実物を見せるために長男をあちこちに連れて行きました。

よく連れて行った場所は田んぼ、公園、動物園です。海には年2回連れて行きました。近くにはなかった山、川、水族館にはそれぞれ年1回連れて行きました。《図鑑を一緒に読んだ後に実物を見る》という親子の遊びは次男と三男の幼児期にも行いました。

私は**《本で学ぶ→実物を見る》という順番が大切であると考えています。**乳幼児が本で学ぶ前に実物を見せられてしまうと、得体の知れない対象物から身を守る本能が働いてしまい、好奇心が湧かないのではないでしょうか。好奇心が生じなければ観察も始まりませんし、「なぜ○○なのだろう？」という考察も始まりません。

反対に、子どもが本で学んだ後に実物を見た場合には、**対象物をすでにある程度知っているため恐怖心ではなく好奇心が生じると思います。**すると観察が始まります。

観察によって子どもは本から得た知識を確認できますし、さらに実物の匂い・音・動き・感触のおかげで本からは得られなかった知識も得られます。その上で、「なぜ○○なのだろう？」という考察も始まると思います。

私はこのように考え、《本で学ばせる→実物を見せる》という順番を守りました。

私は息子たちそれぞれが1歳になったときに絵本の読み聞かせもスタートしました。彼らそれぞれが小学生になるまで毎日続けました。絵本と児童文学の読み聞かせについては第5章で詳しくお話しします。

本棚と本をたくさん買う

子どもが小学生になったら大きな本棚を買う

長男が小学生になったとき、私は畳2枚分ほどの大きさの本棚を購入し、子ども部屋に設置しました。並べた本は次の通りです。

1、図鑑
2、ひみつシリーズ（『からだのひみつ』『宇宙のひみつ』など〈※〉）
3、伝記（漫画、小説）
4、児童文学、絵本
5、漫画（『日本の歴史』や横山光輝の『三国志』など）

6、各種の辞典
7、古書（筆者の父が若い頃に愛読していた川端康成、太宰治、樋口一葉などの文豪たちの作品）

長男は小学生の頃、本棚の本を毎日読んでいました。本棚から図鑑、ひみつシリーズ、伝記などを持ってきてはリビングで熱心に読んでいました。彼はまさに本の虫でした。1歳の頃から本を毎日読み聞かせたのがよかったのだと思います。

彼は「一度読み終えた本をしばらくたってからまた読み直す」ということを繰り返していました。そのような長男を見て、私は「そんなに面白いのかしら？」と思い、あるとき彼のお気に入りの本を読んでみました。『からだのひみつ』『世界の偉人まんが伝記事典』などを読んでみたところ、どれもとても面白い本でした。漫画形式で平易な言葉が用いられているため読みやすく、途中で飽きることなく読破できました。

ひみつシリーズと伝記漫画はおすすめです（※ひみつシリーズは現在「新ひみつシリーズ」として学研プラスから刊行されています）。

次男が小学生になったとき、私は彼にファミコンを買ってあげました。すると彼はゲームにはまってしまい、本を読まなくなりました。そこで私はゲームのプレイ時間を1人30分に制限するルールを設けました（第2章参照）。

すると彼は再び本を読むようになりました。図鑑、伝記、ひみつシリーズなどを本棚から持ってきてはリビングでよく読んでいました。一度読み終えた本をしばらくたってからまた読み直すということを繰り返していました。どうもこれらの本には子どもを虜にする何らかの魅力があるようです。

三男が小学生になったとき、私は音楽教室の運営を始めました。すると息子たちの読書風景を見られない日が増えてしまいました。しかし私は彼らが日々読書を楽しんでいたことを知っていました。なぜなら私が新しい本を追加しに本棚の前へ行くたびに、傷んだ本の数が増えていたからです。

ここで言う《傷んだ本》とは少し傷や汚れがある本のことではありません。慎重に触れないとバラバラになってしまうほどに朽ちかけた本のことです。皿に並べたおにぎりが減っていくように本棚の本が分解していく様子を見て、私はうれしく思いました。本が息子たちの《脳の糧》となっているように感じられたからです。

買い物・外食のたびに本を買う

息子たちは本棚をジャングルジムやはしごの代わりとしても使っていましたので、本棚の外観はボロボロになっていきました。しかしその一方で、蔵書の方は着実に充実していきました。私が新しい本をどんどん追加していったからです。本の調達先は近所の《ショッピングモール内の書店》や《レストランの近くの書店》でした。

私は近所のショッピングモールで買い物をする際はモール内の書店を託児所として利用していました。小学校低学年であった次男と三男を書店に置いて買い物をしていたのです。買い物を終えた後は託児所利用料として書籍数冊分の代金を書店のレジで支払い、本を持ち帰りました。

また家族で外食をした後はレストラン近くの書店に立ち寄って息子たちに本を1～2冊選ばせました。このようにして我が家の蔵書は充実していきました。

蔵書の充実には夫もある程度貢献しました。当時この人は釣り、手品、マージャンなど、学問や自立とはあまり関係のない本をときどき買ってきては本棚に入れていました。

ある日、私は長男から報告を受けました。

「本棚に『宇宙のひみつ』が2冊あるよ」

彼が持ってきた2冊の本を見比べると、たしかに同じ本でした。一方は新品で、他方は傷のある古いものでした。新品を購入した覚えはありませんでしたので、私は夫に事情聴取を行いました。犯人は夫でした。私は夫婦それぞれが買ってくる本が重複することはないだろうと考えていましたが、ついに問題が起きてしまいました。以後、相談なく勝手に本を買わないよう私はこの人に沙汰しました。

本棚をどんどん追加する

子ども部屋の大きな本棚がいっぱいになると、私は漫画用の本棚や辞典用の本棚を購入しました。そしてこれらもまたいっぱいになると、本棚をさらに追加購入しました。

こうして我が家の本棚の数は大小合わせて5つとなりました。息子たちの勉強机の本棚も数に入れると、本棚は全部で8つありました。辞典の冊数は当初の6冊から19冊にまで増えました。辞典については第3章で詳しくお話しします。

我が家の本棚と勉強机はすべて家の2階にありました。これらの総重量はかなりのものでしたから、私は重みで床が抜けたり壁にひびが入ったりするのではないかと心配するようになりました。そして2011年、東日本大震災が起こり家が大きく揺れたとき、私は強い不安を感じました。「本の重みで家が倒壊するのでは？」と。

震災後、私は息子たちの《脳の糧》としての役割を終えた本を廃棄しようと考え、このことを3人に伝えました。すると彼らは全員反対したのです。

「本を捨てるという考えがどうして生じるのか理解できない」

「土地や宝石は売っても本は売るなというユダヤ教の教えは信徒でない者にも実践する価値がある」

色々と言われてしまいました。息子たちにとって本棚の本は脳の糧であっただけでなく育ての親でもあるのかもしれません。私は現在、本棚の本を孫にプレゼントすることを検討しています。

魚図鑑で学ばせ、実物で学ばせる

魚図鑑を読み聞かせ、海に連れて行く

前にも書きましたが、私は息子たちそれぞれが1歳になったときに様々な図鑑の読み聞かせを始めました。彼らが特に気に入っていた図鑑は動物図鑑と魚図鑑でした。私がこれらの図鑑を開くと、息子たちは笑顔で指をさし、私の発音をまねしていました。図鑑で学ばせた後は実物を見せねばなりませんので、私は息子たちをよく動物園や海辺に連れて行きました。

私は息子たちを年2回海辺に連れて行くことをルールにしていました。長男が2歳になる

年から約17年間このルールを守りました（次男を出産した年は除きます）。

私は毎年初夏には息子たちを船橋の海浜公園に連れて行き、潮干狩りを体験させました。また8月には息子たちを各地の海水浴場に連れて行き、水泳・生物採取・水族館の見学を体験させました。

乳幼児の頃から魚図鑑を読み聞かせ実物をたくさん見せたからか、息子たちは小学生になると魚関連の本を最も愛読するようになりました。彼らは小学生の頃、魚図鑑や水辺の生き物図鑑などを本当によく読んでいました。我が家の魚図鑑はあっという間にボロボロになりました。私は図鑑がバラバラに分解するたびに買い換えました。

現在我が家にある魚図鑑は3冊目だと思います。図鑑は重量が大きいこともあり、すぐバラバラになってしまいます。図鑑の出版社さんには1万回落としても分解しないような頑丈な図鑑を製本していただきたいと思います。

私は息子たちが図鑑を読みながら魚の分類作業を行うところをよく見かけました。**彼らは図鑑に「美味」という説明のある魚介類だけをリストにまとめたり、「珍しい」という説明**

のあるものだけを書き出したりしていました。私は彼らが何らかのランキング表を作っているところも見かけました。

息子たちが愛読していた3冊目の魚図鑑は現在も我が家の本棚にあります。図鑑を開くと一部の魚たちに鉛筆で数字が書き込まれています。どうも生息域の水深に応じて順位が付けられているようなので、おそらくは深海魚が好きだった長男が書き込んだものだろうと思います。

子どもが魚を飼いたがったら許可する

私は息子たちをたくましい男子にするため、彼らを年2回キャンプに連れて行くことをルールにしていました（序章参照）。我が家の第2回目のキャンプは山梨県で実施しました。魚が大好きな息子たちのために、私は本栖《もとす》湖《こ》キャンプ場を選びました。

このキャンプの最中、当時小学生だった長男は湖でギギとウナギを釣り上げました。ギギとはひげの生えた黒色でぬめぬめの魚で、見た目はナマズに似ています。

長男がこのギギを持ち帰って飼いたいと言いましたので、私は許可しました。実物の観察はとても大事なことだからです。**実物を観察することによって、子どもは本から得た知識を確認できますし、新たな知見を獲得する可能性もあります。**

キャンプ場からの帰路、私たちはホームセンターに立ち寄って60センチ水槽を購入しました。長男はこのギギに《モスラ》という名前をつけました。なお、ウナギの方はキャンプ場で焼いて食べました。

モスラを飼育する水槽は玄関に設置しました。その日から息子たちは毎日欠かさずモスラを観察していました。夜行性であるモスラの捕食行動を観察するため、彼らは毎晩玄関を真っ暗にしてミミズを与えていました。

長男が観察日記を書きたいと言いましたので、私はノートを1冊与えました。ある日、日記が水槽の近くに置きっぱなしになっていましたので、私は開いて読んでみました。すると興味深いことが書いてありました。

「エサがひげに触れた瞬間に食いつく」

「食後数分間は水面近くに上がってくる」

私はこのような記述を見たとき、とても感心し、うれしく思いました。息子たちが本からは得られない知識を実物の観察を通じて得ていることを知ったからです。

「空き地のカーペットの下にいるミミズを繁殖させてモスラのエサにしたい」

ある日長男がこのようなことを言いましたので、私は発泡スチロールケースを渡し、それを使って養殖するよう言いました。

水槽は15台まで増やしていい

モスラの飼育が始まってからしばらくたった頃のある日、三男が自分用の水槽と飼育魚を欲しがりましたので、私は彼をペットショップに連れて行き、水槽と金魚を買ってあげました。三男が魚の飼育と観察をスタートすると、今度は次男が自分用の水槽と飼育魚を欲しがりましたので、私は彼をペットショップに連れて行き、水槽と淡水フグを買ってあげました。

私はその後もよく息子たちから「水槽をもう1台買ってほしい」と頼まれました。私はそのたびに新しい水槽を買い与えました。**水槽は知識の確認・獲得に役立つ教育道具**だからです。

息子たちが成長するにつれ、我が家の水槽の数は増えていきました。彼らが高校生の頃に所有していたプラスチック製でない水槽の数は次の通りです。

長男……5台（60センチ～200センチ）。ナマズ、水泡眼《すいほうがん》などを飼育。

次男……2台（45センチと60センチ）。フグ、雷魚などを飼育。

三男……2台（45センチと60センチ）。和金、メダカなどを飼育。

長男と三男はこれらの水槽のほか、衣類ケースや昆虫ケースなどのプラケースも使って魚を飼育していました。そのため我が家には魚を飼育するためのケースが全部で15個くらいありました。これらのうち数個はベランダにありましたので、我が家ではベランダ経由で部屋から部屋へと移動することが不可能でした。

長男と三男は魚の飼育だけでなく繁殖や品種改良にも取り組んでいましたが、数年でやめてしまいました。そろそろ再開するのではないかと私は予想しています。

宇宙の本で学ばせ、望遠鏡で学ばせる

私は乳幼児期の息子たちに図鑑を読み聞かせる際、宇宙図鑑は使用しませんでした。宇宙図鑑を理解して楽しむことは乳幼児には不可能であると考えたからです。

私が宇宙図鑑を初めて買ったのは長男が小学生になったときです。購入からしばらくの間は彼が宇宙図鑑を読む姿を見かけませんでした。しかし長男が小学4年生になる頃には、宇宙図鑑は彼の愛読書に昇格していました。

子どもが宇宙に興味を示したら即座に誘導する

長男が宇宙に興味を持ち始めたことに気づいた私は書店へ行き、本を2冊購入しました。買った本は『宇宙のひみつ』と『星と星座のひみつ』です。私は当時、**書店で購入し**

た本は子どもに直接手渡さず本棚に入れておくことにしていました。

《本棚に気になる本があったら読めばいい》

このように考えていたからです。

しかし私は『宇宙のひみつ』と『星と星座のひみつ』については長男に直接手渡しました。**子どもの興味が冷めないうちに、より深い学びへと誘導してあげることが大切だから**です。

その後、長男が宇宙に関する本をリビングに持ってくる頻度が上昇しました。日々宇宙のことを本で学ぶ長男の姿を見て、私は「実物を見せたい」と思うようになり、彼の10歳の誕生日に望遠鏡を買ってあげることを決めました。

それからしばらくたったある日、私が夫の実家へ手伝いに行きましたところ、長男の誕生日が近いことを把握していた義父が何をプレゼントすればよいかと尋ねてくれました。

私はチャンスと思い、言いました。

「最近宇宙の本ばかり読んでいるので、望遠鏡をあげると喜ぶと思います」

長男の誕生日に立派な天体望遠鏡が届きました。

「恒星は大きく見えない」といった固定観念を植え付けない

届いた望遠鏡は長男と次男が交互に使用しました。私は土星や木星などの惑星が好きなので、これらの天体が空にあるときは望遠鏡を使わせてもらいました。

惑星を見るのが好きな私と異なり、長男は恒星の方に強い関心を持っていました。望遠鏡で拡大可能な恒星を見つけるために、彼は夜空の星々を一つひとつ観測していました。また、次男はウルトラマンの母星など未発見の天体を見つけようと頑張っていました。

大人は望遠鏡で拡大できると知っている天体（惑星等）を見るために望遠鏡を使いますが、子どもは未知の天体や反証（拡大可能な恒星）を発見するために望遠鏡を使います。大人は固定観念に縛られて一点を見つめますが、子どもは固定観念に縛られず全天をくまなく調べます。子どもは大人よりもはるかに視野が広いのです。

子どもと一緒に天体観測をする際は、「恒星は拡大不可能」「M78星雲は存在しない」といった固定観念を子どもに植え付けず、子どもに自由に望遠鏡を使わせてあげるとよいと思います。

子どもが将来の夢を決めたら、関連する本を与える

我が家に望遠鏡がやって来てからしばらくすると、長男が次のような言葉をよく口にするようになりました。

「将来、天文学者になりたい」

私は長男を書店に連れて行き、宇宙に関する本を選ばせました。**将来の夢を決めた子どもは学ぶ意欲を持っていますから、本を熱心に読んで内容をどんどん吸収していきます。**私は彼を何度も書店に連れて行きました。

ある日、リビングで宇宙の本を読んでいた長男から質問されました。

「同じ数の積を求める計算の逆算はどうすればいいの？」

私は当時小5か小6であった長男に平方根の説明をし、電卓の「√」ボタンの使い方を教えました。すると彼が手計算で平方根を求めたがりましたので、夫が開平方の手順を教

えました。

天文学者になりたいという長男の夢は、よく似た別のものに変質しました。

「宇宙人と戦う仕事に就きたい」

長男は中学生になるとこのようなことをよく言うようになりました。彼の職種変更の理由は聞かなくてもわかりました。なぜなら長男は当時毎日のように米国ドラマ「Xファイル」のビデオを見ていたからです。彼はエイリアンやシガレット・スモーキング・マンが出てくる回を何度も見ていました。セリフをすべて覚えた後は日本語吹き替え機能をオフにして見ていました。

長男「まずはアメリカの国務省に入る」

筆者「NASAじゃダメなの?」

当時このような会話を何度かした記憶があります。

望遠鏡は知識の確認・獲得に役立つだけでなく、子どもに夢を抱かせ、子どもを自主的な勉強へと導いてくれる素晴らしい教育道具です。

植物図鑑で学ばせ、実物で学ばせる

草花に興味を示さなくても読み聞かせる。実物も見せる

私は息子たちそれぞれが1歳になったとき、植物図鑑の読み聞かせも始めました。しかし彼らは図鑑の中の草花にはほとんど興味を示しませんでした。息子たちは私が図鑑のイラストを指さしても集中しませんでしたし、私が草花の名前を読んでも復唱することはあまりありませんでした。乳幼児は目や口のある生き物が好きなのかもしれません。

息子たちは3人とも植物図鑑にあまり興味を示しませんでしたが、《図鑑で学ばせた後は実物で学ばせる》ということが大事ですので、私は彼らを植物観察によく連れて行きま

した。連れて行った場所は近所の田んぼ、空き地、公園などです。

息子たちは実物の方にもあまり興味を示しませんでしたが、ヒマワリは大好きでした。私がヒマワリの咲く空き地へ息子たちを連れて行くと、彼らは必ず花をかきむしってバラバラに解体しようとしました。

私は園児になった息子たちを買い物に連れて行ったときは、しばしば花屋に立ち寄り一鉢選ばせました。そして買ってあげた花の水やりを彼らそれぞれに任せました。彼らが世話をしていた花はキンセンカやパンジーなどの色鮮やかな花でした。

小学生になると植物が好きになる

園児の頃から植物の栽培に取り組ませたのがよかったのか、息子たちは小学生になると植物栽培が好きになりました。彼らは学校の一鉢栽培に毎年並々ならぬ力を注いでいました。

「何かいい肥料持ってない？　学年で一番大きく育てたい」

私はこのように頼まれるたびに、自分が使うために買ってあった肥料を渡しました。

人気のなかった我が家の植物図鑑は、息子たちが小学校中学年になる頃には、彼らの愛読書に昇格していました。私は息子たちがリビングで植物図鑑を読む姿をよく見かけました。彼らは本を読むだけではなく実物の栽培にも熱心でした。どこかから引っこ抜いてきたスミレ、タンポポ、菜の花などを鉢に植えて栽培していました。

「大きく育てるための肥料ない？」

私は息子たちからこのように尋ねられるたびに肥料を渡しました。

《植物の栽培→収穫→食べる》のワンセットを体験させる

ある日、帰宅した長男が玄関で「農家の人からスゴイのもらった！」と大声で言いましたので見に行くと、彼の手には稲の苗が10本ほどありました。

私は長男に発泡スチロールケースを与え、彼はそこに田んぼを作りました。収穫後、長男はもみを一升瓶に入れて棒で突き、玄米ともみ殻に分けました。玄米の多くは割れてしまっていましたが、私はその米を土鍋で炊いて晩の食卓に出しました。

《植物の栽培→収穫→食べる》は素晴らしい体験だと思いましたので、私は稲刈りのすぐ後、イチゴの苗を買ってきてプランターに植えました。翌年にはナス、ピーマン、キュウリ、トマトなどの苗を買ってきて植えました。息子たちは3人ともよく世話をし、よく食べました。

子どもが樹木に興味を示したら庭木売り場に連れて行く

その後、長男はどこかから切り取ってきたアジサイやツツジなどの枝を挿し木して栽培するようになりました。私は長男の興味が野菜から樹木へと移ったことに気づきましたので、彼をホームセンターの庭木売り場に連れて行き、苗木を選ばせました。

子どもの興味が冷めてしまう前により深い学びへと誘導することが大事ですから、私はすぐに行動しました。

私は長男を何度も庭木売り場に連れて行きました。彼は桜、みかん、ボケなどの苗木を庭にどんどん植えていきました。庭には元々大きな植木が何本かありましたので、長男の植樹のせいで我が家の狭い庭はジャングルのようになりました。彼が庭で飼育していたニワトリの糞がよい肥料になっていたのかもしれません。生い茂る木々が日差しを遮ってくれましたので、日に焼けたくない私には好都合でした。

長男はその後植物を使って実験をするようになりました。彼が小学6年生から中学生の頃に行っていた植物実験のうち私の記憶によく残っているものは次の3つです。

1、様々な濃度の酢水でカイワレ大根を栽培する
2、スイセンなどの有毒植物で毒入りジュースを作る
3、様々な濃度の塩水でミニトマトを栽培する

前二者は学校から何かの賞をもらったように記憶しています。

子どもが水草に興味を示したらペットショップに連れて行く

三男は小学校高学年の頃、水草に興味を持つようになりました。彼は子ども部屋の本棚から水草の写真集を持ってきてはリビングでよく読んでいました。

三男が水草に興味を持っていることに気づいた私は彼をペットショップやホームセンターの観賞魚売り場に連れて行き、水草をいくつか選ばせました。興味が冷める前により深い学びへと誘導することが大切だからです。

三男は様々な種類の水草を栽培していました。私は当時、彼がアクアリウムに挑戦しているものと思っていたのですが、そうではないことが後にわかりました。ある日、三男が言いました。

「いま手入れ不要の水中世界を作ってる。砂利の中の微生物が金魚の糞を分解し、その分解物を水草が吸収して酸素を出し、エサの食べ残しをコリドラス（熱帯魚）が処理し、ガラスに生えた藻をエビとタニシが食べれば、人間のやるべき仕事は金魚のエサやりだけになる」

三男は中高生の間ずっと次のようなことを言っていました。

「光合成のできる人間を作りたい」

彼のこの願望は水草を栽培・観察する中で形成されたものだと思います。現在の三男が毎日研究室で何を研究しているのか、私は聞かないようにしているのですが、光合成人間の作製ではないことを願っています。

さて、三男の水草栽培に触発されたのか、少し遅れて次男と長男も水辺の植物を使った実験を始めました。《沼で釣ってきたモロコ(魚) をホテイアオイ草と一緒に水槽に入れ、ろ過装置なしでも水質を維持できるか?》というような実験でした。この実験は庭と長男の部屋で行われていました。私は当時、庭のホテイアオイが夏に紫色の花を咲かせるのを見るのが楽しみでした。

この原稿を書いている4月現在、庭では小さな桜の木が満開となっています。この桜は長男が中学生のときに庭に移植した盆栽用の八重桜です。

地図で学ばせ、地球儀で学ばせる

世界地図には欠点がある

長男が小学生になったとき、私は子ども部屋の壁に大きな世界地図を貼りました。貼っておけば小学生のうちに少しずつ国々の名称と位置を覚えるかもしれないと思ったからです。

それから数年たった頃のある日、私はこの地図に関して次男から質問されました。グリーンランドなどの島々に付いている《デ》やら《フ》などの記号はいったい何なのか、というような質問でした。私は島の持ち主が誰なのかを示すためにそのような記号がついているると説明し、ついでにグリーンランドの実際の面積は地図上でのサイズから想像される面積よりも小さいことを話しました。地図上では高緯度地方が引き伸ばされてしまうという話もしました。

不思議がる次男にうまく説明することができませんでしたので、私はとりあえず実物のミニチュアを見せようと思い、ホームセンターに向かいました。買ってきたのは直径30センチほどの地球儀です。

地球儀はよい遊び道具になる

地球儀は地図と異なり動く物体ですので、すぐに長男と次男の遊び道具となりました。2人は地球儀をひたすら高速で自転させたり、緯度フレームと地球の間に粘土を巻き込ませたりして水の惑星を侵略していました。

侵略に飽きると、2人は国名が最も長い国を探すというゲームを始めました。このゲームは数日ほど続いたように思います。国名が最も長い国はカリブ海にあると2人は報告してくれましたが、それが本当に正しいのかどうかは私にはわかりません。

地球儀をダーツの的にする

その後、2人は地球儀を使ってダーツのような遊びを始めました。《地球儀を高速で自転させ、急停止させると同時に指をさし、自分の好きな国が指に触れていれば勝ち》というようなゲームです。

このゲームを提案したのは確か私だったと思います。ロシアやカナダを自分の好きな国ということにしてプレイすれば勝率が上がるのに、息子たちはそのようなことをせず、正直に小さな的を狙っていました。

長男はアイスランドが好きでしたので、ひたすら北半球の高緯度地方を突いていました。次男はブータン、ネパール、ルクセンブルクが好きでしたが、的が小さすぎてなかなか指が命中しませんでしたので、手をチョキの形にし、指2本を使って地球儀を突いていました。

その後も息子たちはよく地球儀を使ってダーツをしていましたが、日によって的を変えて遊んでいました。中国やアメリカといった大きな国は的にせず、ガーナやパラグアイなどの小さな的を狙っていました。

ところで、次男がなぜブータン、ネパール、ルクセンブルクが好きなのか、私には全く見当がつきませんでしたので、当時本人に尋ねました。

「大きな国に囲まれた小さな国だから」

次男がこのように返答したことを私はよく覚えています。

地球儀を購入してからしばらくたった頃、私は2人に口頭でテストを行ってみました。

「ケニアの南にある国は何ですか?」

このような質問に対し2人はきちんと正答することができました。テストの後「南極の北にある国は何でしょう?」と長男から出題され、私は正解することができませんでした。

地球儀はクルクルと回る上ゲームにも使えますので、子どもにとってはよいおもちゃです。そしてこのおもちゃには、使っているうちに国々の名称と位置を覚えるという利点があります。またこのおもちゃは国々のサイズに関する誤解を生みません。地球儀はとてもよい教育道具であると思います。

ディ◯ニーランドよりも上野恩賜公園の方が安くて為になる

私は息子たちをよく上野恩賜公園（東京都台東区）に連れて行きました。同園の敷地内には動物園や博物館などの《実物で学べる文化施設》がたくさんあるからです。上野公園に行けば、子どもは動物図鑑、恐竜図鑑、歴史漫画などで学んだことの復習ができるのです。新しい知識も得られます。

私は芸術鑑賞が好きですから、上野公園内にある美術館にも息子たちをよく連れて行きました。上野公園内のどの施設も常設展観覧料（子ども）が無料ですし、特別展観覧料（子ども）も数百円程度ですので、上野公園はディ◯ニーランドよりも安上りなパークです。

私は幼少の息子たちを何度も上野公園に連れて行きましたが、彼らがのちに通うことになる東大が同園のすぐ隣にあることを、当時の私は知りませんでした。

第2章

上手に「誘導」する

強制しない。子どもが興味を示したときにタイミングよく誘導する

私は昔からクラシック音楽が好きです。子どもの頃は日々、父のレコードコレクションを愛聴し、ピアノの練習を楽しみ、ヴァイオリンを弾く父と共演していました。

「時を超えて多くの人々に愛されるクラシック音楽には何か偉大な霊力のようなものが宿っている」

私は子どもの頃からこのように感じていました。

結婚と出産の後、私は息子たちにもクラシックを好きになってほしいと常々思っていましたが、乳幼児期の彼らにクラシックを聞かせることはしませんでした。乳幼児向けの曲を演奏してあげて、一緒に歌い、親子で音楽を楽しみました。

食べ物で釣ってコンサートに連れて行く

長男の就学後約4年間、私は毎年彼をコンサートホールに連れて行きました。生のオーケストラ演奏を聞かせればクラシックに興味を持つかもしれないと思ったからです。

クラシックに関心を持っていない子どもを無理やりコンサートに連れて行って知らない曲を長時間聞かせますと、クラシックを嫌いになってしまう恐れがありますので、私は少し工夫しました。《コンサート会場近くの高級中華料理店での食事をメインイベントとし、オーケストラ鑑賞をおまけイベントとする日帰り旅行プラン》を提示して誘ったのです。

長男はクラシックを嫌いになることなく私の誘いに毎年応じてくれました。

しかし彼がクラシックを好きになることはありませんでした。長男は私の所蔵するＣＤやカセットテープを一度も借りに来ませんでした。

子どもが何らかの音楽に興味を示したときがチャンス

長男は小学5年生になると日本のバンドの曲を聴くようになりました。彼はクラスメイトからもらったカセットテープを毎日リビングで聴いていましたが、決して歌うことなく黙って鑑賞していました。歌詞ではなく音を聴いているようでした。私は好機到来と考え行動しました。ラフマニノフのピアノ協奏曲第2番の録音テープを長男に渡したのです。

「そんな日本人の曲はダメだからこっちを聴いた方がいい」

このような言い方は相手の好みを否定するものですから、私は次のような言葉とともにテープを渡しました。

「これもすごくいい曲だから、暇なときに聴いてみて」

その後、長男はクラシック以外の音楽を聴かなくなりました。さらに彼は小学校の音楽教諭のお導きでピアノの世界にも足を踏み入れました。

《子どもが何らかの音楽に興味を持ち始めたときにクラシックの世界へ誘導する》という

手法は三男にも有効でした。

三男は中学1年生のとき日本のバンドの曲を聴くようになりました。私は彼が音と歌詞のどちらを重視しているのか観察によって確かめたかったのですが、彼は自室で音楽鑑賞をしていましたので、それは困難でした。そこである日、私は三男に尋ねました。その曲のどこがいいのかを。

「音の重なりがいい」

このような返答を聞いた私は好機到来と考え行動しました。彼にはショパンの名曲集を渡しました。「これもすごくいい曲だから聴いてみて」という言葉とともに。

三男はその後、クラシック以外の音楽を聴かなくなりました。

私の誘導は次男には効果がなかった。その原因は……

《子どもが何らかの音楽に興味を持ち始めたときにクラシックの世界へ誘導する》という私の手法は、どういうわけか次男には効果がありませんでした。

次男は中学3年生の頃、日本のバンドの曲を聴くようになりました。そこで私は彼が歌詞よりも音の方を重視していることを確認した上で、クラシックのＣＤを渡しました。しかし、そのＣＤは否定的な感想とともに返ってきました。

その後、次男は２次元の世界に足を踏み入れ、アニメソングを聴くようになりました。彼は２０１９年現在も勤務時間外は２次元の世界に住んでいます。

長男と三男にはうまくいった私の誘導がなぜ次男には奏効しなかったのか。私の記憶には思い当たる節がありませんので、私はいったん筆を止め、次男に連絡し、昔のことを思い出してもらいました。

次男「子どもの頃から車に乗ればラフマニノフやショパンが流れていたし、家ではお兄ちゃんからＮ響アワー（ＮＨ教育テレビで放送されていたクラシック音楽番組）の録画ビデオをよく観せられた。たしか小１か小２のときから。お母さんからＣＤを渡されたときにはもうお腹いっぱいだったんじゃないかな？　今でもビデオの曲が脳裏に焼き付いている」

長男がこのような音楽鑑賞会を開いていたことを私は知りませんでした。**強制はよい結果を生みません。上手な誘導こそが《望んだ結果》や《深い学び》をもたらします。**

本章では私が行ってきた様々な誘導手法を紹介します。

子どもが何かを発見したら、より深い学びへ誘導する

子どもが縄文土器を発掘したら、土器を作らせる

ある日の夕方遅く、太陽が沈み切った後に、長男がビニール袋いっぱいの矢じりと縄文土器の破片を持って帰宅しました。彼が小学5年生だったときのことです。

「どこから取ってきたの？」

「○○の隣の空き地を掘ったら出てきた」

「なぜそこを掘ったの？」

「学校の郷土資料室の展示を見て思いついた」

たしかこのようなやり取りがあったと思います。その翌日には長男と次男がそれぞれビニール袋いっぱいの遺物を持って一緒に帰宅しました。私は帰宅した2人に、すべての土器と矢じりを学校の先生に渡すよう言いました。2人とも素直に応じ、翌日、長男がすべての遺物を学校に持って行きました。

その数日後、図工教育に力を入れてらっしゃった長男の担任の先生が縄文土器の制作を体験する特別授業を実施してくださいました。クラスメイト1人ひとりが粘土で土器を成形し、縄目模様をつけ、最後に先生が全部まとめて焚き火で焼成《しょうせい》するという数日がかりの課外授業だったそうです。長男は栓の着脱が可能なひょうたん形の縄文土器を作って持ち帰ってきました。

「お酒を入れて保管したい」

長男がこのように要望したのですが、私は液漏れが心配でしたので、まずは水を入れてみるよう提案しました。長男が縄文土器に水を入れた直後は耐水性に問題がないように見えました。しかし翌朝、土器の中の水はすべてリビングの床に逃げ出していました。

その週末、私はホームセンターに行き、オーブンで焼ける陶芸用粘土を購入しました。

縄文土器を発掘した次男にも土器の制作を体験させたかったからです。私は長男と三男の分の粘土もついでに買って来ました。私は長男に粘土を渡す際、次のように言いました。

「この前は乾燥時間と焼く時間が足りなかったんだよ。そこに気をつけてみよう」

私は陶芸に詳しくありませんでしたので、テキトーなことを言いました。**テキトーでもよいから失敗の原因を示してあげれば、子どもは再失敗を心配することなく再挑戦を楽しむことができる**からです。それでまた失敗したら一緒に原因を考えればいいのです。

息子たちは3人とも陶芸体験を楽しんでいました。長男は結局、保存容器ではなく徳利とおちょこを作りました。次男は土偶を作りました。三男は鳥なのか飛行機なのか魚なのか見分けがつかない小さな置き物をたくさん作りました。

子どもが地中の貝殻を見つけたら貝塚に連れて行く

自宅での陶芸体験から数週間ほどたった頃、長男が白い貝殻を数枚持って帰宅しました。崖の斜面を掘ったら出てきた、と彼が言いましたので、私はその崖が海底の地層が隆起したものなのか、それとも貝塚なのかを尋ねました。貝塚とは縄文人のゴミ捨て場のことで、千葉県内には500ヵ所以上あります。

長男が「わからない」と答えましたので、私はその崖を見に行こうと一瞬思いましたが、見ても私には判別できないだろうと予期しました。そこで私はその日の夜のうちにある計画を練りました。

その週末、私は息子たち3人を加曽利《かそり》貝塚に連れて行きました。同貝塚は千葉市にある貝塚で、現在は国の特別史跡に指定されています。

「僕が掘った崖にはこんな気持ち悪いほどいっぱいの貝殻はなかった」

加曽利貝塚を見た長男がこのように言ったことを私はよく覚えています。長男は貝殻を見つけた自宅近くの崖を貝塚ではないと断定しましたが、その判断が本当に正しいのかどうかは私にはわかりません。

子どもが土器を発見したなら土器を作らせる。子どもが地中の貝殻を発見したなら貝塚に連れて行く。

子どもが何かを発見したら、興味関心が冷めてしまう前に、より深い学びへと誘導する。

こういったことがとても大切だと思います。

余談

息子たちが縄文遺物を発掘した空き地はスコップ一本で袋いっぱいの遺物を集められる場所でしたので、深く掘れば住居跡が出土するのではないかと思っていましたが、長男が中学生になった頃、そこにはコンビニや倉庫が建ってしまいました。物の上に物を重ね、知識の上に知識を積み重ねるのが人類の習性とは言え、少し残念な気がします。

夫と子どもを狩りに行かせる

縄文土器と貝塚の話を書いていて思い出したことがありますので、お話しします。

「明日、子どもたちを利根川に連れて行って」

これは私が夫によく言った言葉です。私がこのような指示を出す日は決まっておりました。それは金曜日の夜と祝日の前夜です。すべての金曜夜と祝日前夜に連行指令を出したわけではありません。私のイライラがピークに達した場合のみ連行を指示しました。指令を受けた夫は翌朝子どもたちと一緒に利根川へ行き、釣りをし、深夜に帰宅しました。

私が男4人を利根川に行かせたのは静寂と休息が欲しかったからです。毎日のように繰り返される兄弟げんか、夫の回りくどい話、レッスン生の名演奏……。こういったものが耳に入らない休日が欲しかったのです。他人のために家事をしなくてもよい休日が欲しかったのです。

私は男４人を日曜日に利根川へ行かせることはしませんでした。なぜなら日曜日は夫と子どもたちが地元の少年野球クラブの試合や練習に参加する日だったからです。男４人が野球をしに行く日曜日は私にとっては全く休日とは言えないものでした。なぜなら彼らは夕方には帰って来てしまいましたし、私は彼らのために夕食を作らなければならなかったからです。

男４人が利根川に行き朝から晩まで家にいない日こそが私の真の休日でした。真の休日には私はほとんど動きませんでした。リビングの床の上に大の字になって寝転がり、思索にふけったり本を読んだりしました。

昼になると私はカップラーメンを食べました。夜になるとまたカップラーメンを食べました。子どもたちには月１個より多くは与えないと決めていたカップラーメンを、私は一日に２個食べました。これこそまさに真の休日でした。

真の休日の翌日は一仕事こなさねばなりませんでした。それは獲物の処理です。男4人が持ち帰った魚の調理のことです。獲物はたいてい鯉でした。庭の泥抜き水槽に入れられた鯉の頭をレンガで強打し意識を失わせてから捌《さば》きました。私は前日大いにリフレッシュしていますので、この程度の作業は全く苦ではありませんでした。

鯉を捌いているとき、私の頭にはいつも次のような考えが浮かんできました。

「私は縄文人の末裔なのかもしれない」

「男は狩りに行き女は獲物を調理するという縄文式役割分担が、私には一番合っている」

真の休日を堪能なさりたいときは男たちを海や川へ行かせることを、縄文系のお母さま方におすすめします。

補足

男たちが狩りに出ているあいだ家の中でカップラーメンをすすっていた縄文ママの私は、利根川で釣りをする息子たちの様子がどのようなものであったのか知りません。原稿執筆中このことがとても気になった私は久々に夫に話しかけ、川辺での息子たちの様子について聞き出しました。

夫「子どもらは３人とも仕掛けのつけ方を覚えなかった（筆者注：仕掛けとは釣り竿につける浮きや釣り針などのこと）。その責任は俺にある。子どもらにいい所を見せたくて、毎回３人分の仕掛けを作ってあげたのがいけなかった。

ただ、三男は中学生くらいの頃には自分で仕掛けを作れるようになっていた。教えてはいないから、おそらく本で学んだのだろう。本棚に釣りの本を何冊か入れておいたから。

川辺での様子は……、長男はいつも蚊取り線香を何箱も燃やして蚊のせん滅に尽力していた。日が暮れると釣りに集中していた。次男は車内や日陰で休んでいることが多かった。深夜になっても『帰りたい』などの言葉を言わない子だった。三男は魚の釣れるベストスポットを見つけるために１人で行動していた。だから川辺での三男の姿を思い出そうとすると、大物を釣り上げる場面ではなく、魚を手に持ってやぶの中からひょっこり現れるシーンが浮かんでくる」

帰宅後のゲーム時間は制限し、早朝プレイは黙認する

テレビゲームは麻薬

「ファミコンが欲しい」

7歳の誕生日を迎える少し前に次男がこのように要望しましたので、私は彼の誕生日にファミリーコンピュータを買ってあげました。本体と一緒に購入したソフトは「スーパーマリオブラザーズ」です。

息子たちはコントローラの使用権を巡って争うことなく毎日仲良くゲームをしていました。

その後、息子たちが「ドラゴンクエスト」（ドラクエ）や「ファイナルファンタジー」などのロールプレイングゲームのソフトを欲しがりましたので、私は買ってあげました。するとと息子たちそれぞれがゲームをプレイする時間が長くなりました。彼らは１人１時間ほどプレイし、切りのよい所で次の人に交代するようになりました。

３人とも自分の番が回ってくるまでテレビ画面を眺めて待機していましたので、彼らがテレビの前に座って顎を上げている時間は一日数時間に及ぶようになりました。息子たちの趣味は読書からテレビゲームに変わってしまいました。

テレビゲームは１人30分まで

私は息子たちが毎日何時間も無表情でテレビ画面を凝視することの不自然さを容認することができませんでしたので、《１人30分ルール》という規則を作りました。このルールはその名の通りファミコンのプレイ時間を１人30分に制限するものです。

「30分は短すぎる！」

長男がこのように猛反発したことを私はよく覚えています。しかし、私はルールの修正には応じませんでした。

ゲーム制限令の発布からしばらくの間は3人とも1人30分というルールを守っているように見えました。私は「強制がうまくいくこともあるのだなぁ」と息子たちの様子に感心する一方で、「1人30分は短すぎたかな？　もう少し長くしてあげようかな？」と何度か悩みました。

ある朝早く私が尿意で目覚めてトイレに向かうと、リビングでドラクエをプレイする長男の姿が目に入りました。午前5時頃のことだったと思います。

長男は私と目が合うと、両眼を見開いて硬直し、黙り込んでいました。とてもよく覚えています。私はそのまま何も言わずトイレに入り、用を足した後も何も言わず寝室に戻りました。

「強制はうまくいかないなぁ……」

この思いだけが私の中にありました。

早朝プレイを黙認する

私は早朝のゲームプレイを黙認することにしました。

「早寝早起きが身につくからいいか……」

このようなプラス思考に切り替えました。その後も私が早朝に目覚めてリビングの前を通ると、3回に1回ほどの頻度で長男の姿を見かけました。長男の横に次男や三男がいることもありました。

夫と息子たちがテレビの前で正座していることもありました。ゲームの早朝プレイを楽しんでいる夫の姿を初めて目撃したときは驚き呆れました。そのときテレビ画面に映っていたものは今でも覚えています。何かが地面に穴を掘って、敵と思われる何かがその穴に落ちて消えるところを見ました。

ゲームボーイは与えない。スーパーファミコンはOK

ファミコンを購入する数ヵ月ほど前、私は長男から「ゲームボーイを買ってほしい」とおねだりされました。しかし、私はこのおねだりには応じませんでした。ゲームボーイは親の目が届かない所で長時間遊べてしまう道具だからです。

私は「ダメ」という言葉だけでは長男のおねだりを撃退できないと考え、少し工夫しました。算数の難問を彼に出題し、解けたら買ってあげると宣言したのです。長男はこの難問を解くことができず、ゲームボーイをあきらめました。

ファミコンの購入から半年ほどたった頃、長男が今度はスーパーファミコンが欲しいとおねだりしてきました。私は難問を出すことなく買ってあげました。我が家にはテレビが1台しかなく、息子たちがスーパーファミコンを無制限にプレイしてしまう恐れがなかったからです。

息子たちが早朝プレイをしなくなった理由

スーパーファミコンを購入してから3～4ヵ月間は早朝プレイをときどき目にしました。しかし、その後ぱたりと見かけなくなりました。なぜ彼らが早朝にゲームをしなくなったのかは残念ながら思い出せません。

また同じ頃、私がゲームの夕方プレイを目撃する頻度も急減しました。この理由は覚えています。私がピアノ・エレクトーン教室の運営を開始し、夕方はレッスン室にいるようになったからです。

1、スーパーファミコンを買ってあげた後、なぜ息子たちはゲームの早朝プレイをやめたのか？
2、私がレッスン室にいた夕方、息子たちは《1人30分ルール》を守っていたのか？
3、息子たちはいつゲームを卒業したのか？

これらの疑問を解消するため、私はいったん筆を止め、息子たちに取材を行いました。

質問1

筆者「スーパーファミコンを買ってあげた後、なぜゲームの早朝プレイをやめたのですか？」

長男「お母さんがリビングの隣の和室で寝るようになったから、テレビの音を消してゲームをするようになった。そしたら全然面白くなかった。苦虫を嚙み潰したような表情でトイレに行くお母さんがいつ和室から出てくるのかハラハラしながらゲームをしたから全然集中できなかった。無音で面白くない上にハラハラして集中できないからやらなくなった」

次男「忘れた」

三男「覚えていない。その頃は小1か幼稚園の年長だったと思う」

質問2

筆者「私が教室を開いた後も《1人30分ルール》を守って仲良くゲームをしていたのです

か？」

長男「ノーコメント」

次男「1人45分〜60分くらいやってたかな？」

三男「30分で交代してもらった記憶はない。でもケンカとかはなかった。隣の部屋にいるレッスン生に僕らの存在を悟られないよう、みんな大人しくしていた。テレビの音量もほぼゼロにしてゲームをしていた。だから、どのゲームから得られた楽しさも最大値ではなかったと思う」

質問3

筆者「いつゲームを卒業したのですか？　またそれはなぜですか？」

長男「高1の8月に卒業した。やりこんだゲームのデータを親戚に消されたから元に戻すため毎日深夜と早朝に無音でプレイしたら嫌気が差してやらなくなった」

次男「大学1年のとき。自然と」

三男「高校生になった頃。理由はわからない。自然にやらなくなった。でも次男に誘われたときは相手をした」

まとめ

1、ゲームの早朝プレイをやめさせるには、親がテレビの近くで寝て、苦虫を噛み潰したような顔をしてトイレに向かうとよいようです。

2、子どもをゲームから早く卒業させるには、ゲームのデータを消して無音でやり直させるとよいようです。

3、ゲームから卒業できたのがなぜなのかについて三男は不明としていますが、質問2に対する回答の中に答えがあるような気がします。無音でゲームを続けると子どもはゲームから早く卒業するのかもしれません。

叱らない。親の仕事は「謝罪」と「弁償」

長男がどんな子だったのかを一言で言い表せば「山」です。人語を解さない山です。生まれたときから今に至るまで山です。「〇〇しなさい」と私が言葉で指示しても動いてくれません。動いたとしても私の意図した方向には動いてくれません。

生活習慣と社会のルールは紙芝居で教える

この山が園児だった頃、私は紙芝居で誘導することを思いつき、やってみました。

「〇〇ちゃんは手洗いうがいをしなかったので病気になって死んでしまいました」

「〇〇ちゃんはつないだ手を放して道路を走ったので車にひかれて死んでしまいました」

「〇〇ちゃんは魚屋でアサリを盗んだので死んだ後、地獄に堕ちてしまいました」

私はこのようなストーリーの紙芝居をいくつも作りました。どの作品も長男を主人公としました。特製紙芝居を読み聞かせたところ、彼は私が望んだ方向に動いてくれました。「うまく誘導すれば山を動かせる」ということに気づきましたので、私はそれ以後、強制ではなく誘導的手法によって子育てをするようになりました。

誘導がうまくいかない場合もある

私がどんなに知恵を絞って誘導しても止められない行為がありました。それは「実験」です。

「これをやってみたらどうなるのだろう?」

長男はこのような疑問が頭に浮かぶと、後先考えず即座に実験を行う子でした。詳細は書けませんが、幼稚園のお友達は何人もケガをし、多くの涙が流れました。幼稚園の先生もお手上げでした。私は日々謝罪と賠償を繰り返しました。

長男の突発的実験は小学生になってからも続きました。

「生きている人間に心臓マッサージをしたらどうなるのだろう？」

「どれくらい強く棒で突いたら水槽が割れるのだろう？」

「廊下にまいた水は掃除機で消せるのでは？」

長男はこのような疑問が頭に浮かぶとすぐに実験を行いました。これら3つの実験では、胸を圧迫された級友はケガをし、学校の水槽は砕け散り、職員室の掃除機は故障しました。

長男の実験によって損害が発生するたびに、私は謝罪と弁償を行いました。彼の問題行動のうち学校から電話がかかって来ない程度のものは、授業参観後の懇談会で知らされましたので、私にとって懇談会は謝罪会見場でした。私が幼稚園と小学校で謝罪や弁償を行った回数は両手両足の指だけでは数え切れません。

長男の実験による家庭内での人的・物的被害は学校でのそれよりもさらに甚大なものでしたが、これについては省きます。

疑問が浮かぶとすぐに実験を遂行してしまう長男の癖を直すために、私は様々な誘導を試みました。後先のことを考えて行動することの大切さを理解させるための例え話を聞かせたり、自分が被害者になったときの気持ちを想像させたりしました。しかし、どれも効果がありませんでした。

今思えば、後先がどうなるかわからないから実験で確かめようとしていた長男に後先を考えることの大切さを教えようとしたのは、少々的外れな誘導だったのかもしれません。

学校の先生方も粘り強く、また愛情深く長男の誘導を試みてくださいました。彼が学校で問題を起こすたびに、先生方は叱りつけるのではなく優しく事情を聴いて諭してくださいました。そして問題がオオゴトの場合には電話で、それほどでもない場合は懇談会の場で事の詳細を私に報告してくださいました。

問題行動は本人が成長すれば消える

変化は急に訪れました。長男が小学校の高学年になってしばらくすると、私が謝罪や弁償を行う頻度が急減したのです。学校から電話がかかってくることはほとんどなくなりました。そして彼が中学生になると、私が財布を持って学校に駆けつけることはなくなりました。家での実験による人的・物的被害もなくなりました。

謝罪と弁償の9年間を経て私は学びました。

《誘導しても止められない問題行動は、本人の成長とともに自然消滅するのを待つしかない》

誘導が通用しない山を抱えてらっしゃるお母様方は、どうか参考にしてください。

大学受験生になったら、夜8時半にテレビの視聴をやめさせる

息子たちはテレビを見るのが好きでした。彼らが好んで視聴していた番組は、
・世界の不思議を発見するクイズ番組
・世界が丸見えの特捜番組
・教授が出てくるオカルト番組（超能力、UFO）
・教授が出てこないオカルト番組（ネッシー、幽霊）
・とんねるずのみなさんのおかげです。
・同過去形
などです。

それとどういうわけか息子たちはよく健康情報番組も見ていました。チャンネル決定権

は息子たちが完全に掌握していましたので、私や夫がリモコンに触れる機会はほとんどありませんでした。息子たちは番組の好みが似ていましたので、見たい番組を巡って争うようなことはありませんでした。

私はゲームのプレイ時間は制限しましたが、テレビ番組の視聴時間は制限しませんでした。なぜならテレビ番組を見て笑ったり批評したりすることは、ゲーム画面を無言で凝視するのとは異なり、ごく自然なことであるように感じられたからです。

私は学校のテスト期間中もテレビの視聴時間を制限しませんでした。

番組内容を批評し合って要約力を鍛える

私たちはよく番組内容の批評を行いました。

「ゲストなし、クイズなしにすればもっとコンパクトになるよね」

「健康法の検証実験は結果だけ示せばいいよね」

「無駄な部分を削れば正味15分番組だよね」

こうして番組の無駄な部分を指摘し合い、番組の質を向上させる方法を議論しました。

このような議論は番組の要旨をきちんと把握していないとできません。**息子たちはこの議論を日々繰り返すうちに、長文の大意・要旨を的確に把握する力を身につけていったのかもしれません。**

ところで、息子たちは無駄の宝庫であるオカルト番組については一切批判することなく楽しんで見ていました。探検隊がネッシーなどの未確認生物を探し求めてジャングルの中を歩き回り結局見つからないという内容の番組は、もはや無駄純度１００％、無駄の王者であり、私と夫は番組が始まるや否や、「これ最後まで見つからんやつ！」と猛攻撃したものですが、なぜか息子たちは熱中して見ていました。あれの何が面白いのか私にはいまだにわかりません。

夜8時半にテレビを切り上げて勉強をスタートさせる方法

長男は大学入試が近づいてきてもテレビを毎日見ていました。彼は夕食後の１時間を休憩時間と決めていたようで、この時間帯に放映される番組を毎日見ていました。

「大学受験生はテレビを見る間も惜しんで勉強するべきだ」

私はこのような思いを日々募らせていきましたが、このことをすぐに口に出して伝えることはしませんでした。なぜなら長男は生まれたときから今に至るまで、言葉による指示では動かない山だからです。知恵を絞ってうまく誘導すれば、望んだ方向に動いてくれます。どうやって誘導するか熟慮を重ねたのち、私は彼にこう言いました。

「夜8時から始まる60分番組を30分だけ見て自室に戻るという修行を実践すれば、２つの効果があると思う。第一に、楽しいものを途中で切り上げる修行によって精神が鍛えられる。第二に、楽しいものを途中で切り上げる修行によって受験生としての自覚が芽生え、勉強に身が入る」

長男はこの助言をすぐに受け入れ、大学入試が終わるまで《8時半切り上げ修行》を続けました。誘導は大成功でした。「ドラゴンボール」か何かの影響で長男が修行とか努力という言葉が好きだったことをうまく利用したのが勝因です。

「今いいところだからもう少し見ていけばいいのに……」

8時半にリビングを出ていく長男を見て何度もこのように思ってしまった私は意志の弱い人間でした。

長男でうまくいったこの方法を同じくドラゴンボールファンである次男にも使ってみようと私は常々思っていたのですが、彼は大学受験生になるとテレビを全く見なくなりましたので、彼には《8時半切り上げ修行》の話をしませんでした。

三男は大学受験生になると、毎日自発的に夜8時半にテレビの視聴を切り上げて勉強をスタートしていました。私が《8時半切り上げ修行》の話をしていないのに彼はそうしていたのです。私は不思議に思いましたが尋ねることはしませんでした。長男が三男に修行法を伝授したか、三男が長男のまねをしたのだろうと考えました。

テレビ番組の視聴は「今いいところ」と思うあたりで、すなわち夜8時半に切り上げますと、よい修行になると思います。

囲碁の世界への誘導には祖父も関わった

私の父親

私の父はとても趣味の多い人です。若い頃から囲碁、陶芸、ヴァイオリン、茶道などを愛好し楽しんでいます。趣味に没頭したいがために50代のうちに国家公務員を早期退官してしまうような人です。

父は毎日自分の趣味のことで忙しいため、私がたまに電話をかけても1分以内に切られてしまいます。数多くの趣味のうち最も早くに始めた囲碁に関しては、父の腕前はかなりのもので、県大会で何度も優勝しています（以下「父」という言葉を使いますと、私の父なのか、私の息子たちの父なのかがわかりにくくなってしまいますので、以下では私の父を「ジイジ」と表記します)。

ジイジによる誘導

ジイジは長男が碁を打てるようになることを望んでいたようで、私と息子たちが帰省するたびに、碁盤を出して長男に教えようとしていました。

しかしジイジの努力は常に報われませんでした。長男は碁石を見ると混ぜ合わせずにはいられなかったからです。ジイジが碁盤を出すと、長男は白石と黒石を床にまき、色の偏りがなくなるまでひたすら足で混ぜ合わせました。彼は何年たっても碁石を混和実験にしか使いませんでした。

ジイジはいつしか長男に碁を教えることをあきらめ、次男と三男に声をかけるようになりました。ジイジの教え方はかなり独特なものでした。

「碁とは陣地の広さを競うゲームである」

「囲めば相手の石を取れるが取りたい気持ちを抑える」

ジイジはこの2つだけを次男と三男に教え、後は好きに石を打たせて、一手ごとに「それはいい手や」「それはまあまあの手や」とだけ言っていました。

次男と三男それぞれがジイジと対局した回数は年1~2回でした。

子どもが囲碁に興味を示したら即座に誘導する

囲碁指導なのかお遊びなのかよくわからない対局が7~8年続いた後、次男が私に言いました。

「おじいちゃんの相手をしてあげたいけど、それにはまずルールを知る必要がある。だから囲碁のゲームを買ってほしい」

このとき次男は中3でした。盆の帰省から千葉に戻った直後のことでした。

私はすぐに次男をゲームショップへ連れて行き、囲碁のゲームを一つ選ばせました。彼が選んだのはプレイステーションのソフトだったと思います。ショップから帰宅してすぐ、私はジイジに電話を掛けました。いつも通り一分もせず切られたように思いますが、電話の数日後、段ボール一箱分の指南書と碁盤と分厚い碁石が送られてきました。

碁の世界への誘導は極めて迅速に行われました。今思えば、高校入試を半年後に控えた受験生によくこんな誘導をしたなと思います。

私たちはその翌年は帰省せず、その次の年に帰省しました。高2になった次男はジイジと碁を打ち、見事に勝ちました。私は囲碁に詳しくなかったのですが、対局の様子をずっと見ていました。私はアマ5段のジイジが手加減してあげたのだろうと思っていたのですが、「何べんやっても勝てん」とジイジが言うのを聞いて、そうではないことを知りました。

このとき次男は囲碁部の部長でした。彼は県立千葉高校に入学したとき、碁の腕を磨くため囲碁部に入ろうとしたのですが、当時の千葉高囲碁部は休部状態でした。そこで次男は部員の勧誘を行い、人数を集め、囲碁部を復活させました。そしてまだ囲碁が上手ではなかったのに囲碁部の部長に就任したのです。

部活動は高2のうちに引退して受験モードに切り替える

アマ5段のジイジに勝った次男は高2のうちに囲碁部を引退しました。私は次男から引退の報告を受けたとき、とても驚きました。「え！　もう？」と思いました。私が引退の理由を尋ねると、「受験勉強に専念したいから」という説明がありました。私は勉強を頑張るよう応援の言葉をかけました。

ジイジが何年もかけて少しずつ誘導
←
次男が碁に興味を持つ
←
碁の世界に迅速に誘導する
←
めきめき上達
←
祖父に勝利し早期引退
←
受験態勢への早期移行

東大現役合格 ←

迅速な誘導が最高の連鎖反応を引き起こしました。子どもが何かに興味を示したら即座に誘導してあげることが大切であると思います。

余談

長男はジイジと囲碁を打つことはありませんでしたが、オセロはよく打っていました。ジイジが孫たちに会いに千葉へ来るたびに、2人はよくオセロをしていました。オセロ経験のないジイジを相手に長男が五分五分の勝敗結果となるよう手加減している様子を見て、私は「おじいちゃん子やな～」とよく思ったものです。

いま振り返りますと、碁石の混和が大好きだった長男がオセロの石を混ぜ合わせる姿は見たことがありません。なぜ長男はオセロの石で混和実験をしなかったのか。筆を止めて考えてみたところ、3秒ほどで真実に違いない仮説が浮かんで参りました。

長男がオセロの石を混ぜなかったのは石の中に磁石が入っていたからではないでしょう

か？　オセロの石は内部にある磁石のせいで混ぜ合わせても均一な混和が望めません。磁力によって石がくっついてしまうからです。

囲碁番組の解説者が使用するマグネットタイプの碁盤セットを子どもの頃の長男に買ってあげればよかった、と私は今後悔しています。

ジャンクフードを嫌いになるよう誘導する。おやつは米でいい

妊娠したらスナック菓子を口にしない

私は結婚前はスナック菓子が好きでよく食べました。しかし長男がお腹に宿ったのを機に食べなくなりました。スナック菓子は母体の血を汚し、胎児の細胞を傷つけるような気がしたからです。スナック菓子の摂取をやめてみると、鼻づまりや頭のモヤモヤなどの不快症状が消失し、日々快適に暮らせるようになりました。

《スナック菓子は健康を害する有害物質である》

私はこのように認定し、出産後もスナック菓子を口にしませんでした。そしてスナック菓子や清涼飲料などのジャンクフードを子どもに与えないことを決めました。

子どもがジャンクフードを嫌いになるようお芝居を見せる

長男が園児だった頃のある日、私はスーパーで買ってきたお菓子を見せてこう言いました。

「これを食べると○○という病気になるんだよ。そうなったら病院でお腹を切って、お菓子を取り出さないといけないんだよ」

私は○○の部分に具体的な病名を入れ、苦悶する患者の表情を見せつつ、お腹をメスで切り開く動作をしました。そして「食べるのが1個だけなら大丈夫かもしれない」と言って少し食べさせ、「やっぱりやめとこう」と真剣な表情で伝えて吐き出させました。

その日の夜、長男は自家中毒を発症しました。自家中毒とはストレスなどが原因となって食べた物をすべて戻してしまう病気です（現在は「周期性嘔吐症」「アセトン血性嘔吐症」とも呼ばれています）。切腹の芝居が長男に与えた恐怖・不安・心配が自家中毒を引き起こしたと私は判断しました。

反省した私は、園児となった次男と三男には長男に見せたのとは異なる芝居を見せました。演技を少しマイルドなものにし、《口に含ませてから出させる》というくだりを脚本から削除しました。

切腹芝居を1回見せただけではジャンクフードに対する嫌悪感が減退していってしまいますので、**私はテレビでジャンクフードのCMが流れるたびに、その有害性を息子たちに説明しました。**

このような誘導の甲斐あって息子たちはジャンクフードを嫌いになりました。我が家のおやつはたいてい梅おにぎりでしたが、そのことについて不満を言う子はいませんでした。「ポテトチップスが食べたい」というような言葉を私は一度も耳にしませんでした。息子たちは自分のお小遣いでジャンクフードを買って食べるということもしませんでした。彼らは3人ともジャンクフードを完全に忌避していました。

息子たちは3人ともアトピー、ぜんそく、食物アレルギーなどの慢性疾患とは無縁で、すこぶる健康です。

暴走しがちな子どもには文書で指示する

我が家のおやつはたいてい梅おにぎりでしたが、食卓上のおにぎりを最初に帰宅した長男が全部食べてしまうということが何度かありました。私が音楽教室を開業した頃のことです。そこで私はおにぎりの配分比率を紙に書いて食卓に置いてみました。

「長男2個、次男2個、三男2個」

このようなシンプルなメモには長男の暴走を抑制する絶大な効果がありました。私がうっかりメモを置き忘れると、たいてい長男が全部食べてしまいました。

「文書による明示的な指示がないと状況を好き勝手に解釈してしまう」という長男の癖は、彼がテストや入試で点を取るのを大いに妨げました。このことについては次章でお話しします。

第3章

勉強に関すること

【小中学生】

毎日1時間、勉強の様子を見てあげる

息子たちが小学生だった頃、我が家では18時から19時（厳密には18時52分）までが勉強の時間でした。この時間帯に彼らは国語と算数のドリルに取り組み、国語の教科書を音読しました（どちらも学校の宿題です）。勉強場所はリビングの食卓上でした。私は夕食の支度をしつつ勉強の様子を見守りました。

三男が小学生になったとき、私はピアノ・エレクトーン教室の運営を始めましたが、18時から19時までの時間帯には仕事を入れませんでした。

テストを持ち帰った日にすること

私は息子たちが小学校からテストを持ち帰ってきた日には2つのことをしました。それは**《答案のチェック》と《類題を解かせること》**です。この2つは夕食後に行いました。

私は答案中のすべての誤答に目を通し、練習不足が原因で解き間違えたと思われる問題については、類題を何問か作って解かせました。また、理解不足が原因で正解できなかったと思われる問題については、しっかり解説して理解させてから類題を解かせました。

息子たちがテストの答案を捨てたり隠したりしないよう、私はどんな点数でもほめることにしていました。


勉強とは知識の上に知識を積み重ねる作業です。ある単元Aでつまずいて知識の修得に失敗した子は、次の単元Bを学ぶための基礎となる知識を持っていませんから、単元Bでもつまずきます。するとその子は次の単元Cも学ぶことができず、再びつまずきます。子どもがいったんどこかでつまずいたら、その後つまずき続けることになるのです。

その子は知識を積み重ねる作業がストップしたまま進級・進学して社会に出て、頭を必要としない単純作業に一生従事することになります。

子どもが勉強でつまずかないよう、毎日短時間でいいですから、勉強の面倒を見てあげることが大切であると思います。

余談【月額1000円の塾を開業しました】

2017年、私は原稿の執筆を進めるうちに次のような思いを強めていきました。

「親から勉強の面倒を見てもらえない小学生たちの手助けをしたい」

「勉強習慣が身についていない小学生たちの手助けをしたい」

私は長男と友人の協力を得て準備を進め、同年秋に学習支援教室を開きました。

入会できるのは次の3つの条件をすべて満たしている小学生です。

1、学校の授業についていけない（入会テストの点数が40点未満）

2、毎日自宅で60分勉強する習慣がついていない

3、共働き等の理由で親が勉強の面倒を見られない

料金は月1000円です。教育目標は次の2つです。

1、基礎をしっかり身につけさせ、学校の授業についていけるようにすること

２、勉強習慣を身につけさせ、人に言われなくても毎日コツコツ宿題に取り組めるようにすること

勉強習慣が身につき学校の授業についていけるようになった時点で、生徒は教室を卒業します。在籍年数の上限は２年です。生徒は教室で計算練習、漢字練習、文章の音読に取り組みます。

小学生の集中力は長く持ちませんので、途中でおやつ休憩を挟みます。出すおやつは梅おにぎりではなく煎餅《せんべい》です。

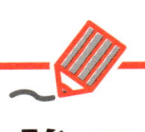

一画一画ていねいに、強い筆圧で漢字を書かせる

一文字入魂

私は小学生になった子から順番に《一文字入魂》という漢字練習法を教えました。一画一画ていねいに、そして強い筆圧で漢字を書くという練習法です。私が子どもの頃に考案し、実践していたものです。

課題を早く終わらせたいがために漢字を高速で走り書きする行為は、貧乏ゆすりやまばたきのような無意識的行為に近いですから、何回書いても漢字は脳に定着しないと思います。一画一画丁寧に、紙がへこむほどの筆圧で漢字を書けば、その文字は脳に深く刻み込まれると思います。

一文字入魂法で漢字を練習すると、たくさん書かなくても覚えられます。しかし小学校という所は漢字1文字につき10回以上も書かせるような宿題をよく出します。このような宿題に一文字入魂法で取り組むことは、水分補給禁止の野球特訓と同じで、上達効果よりも根性をつける効果の方が大きいように思います。私は息子たちに根性をつけるため、すべての漢字を一文字入魂法で書かせました。

根性をそこまで重視なさらない保護者の方は、子どもに最初の数回だけ一文字入魂法で書かせ、残りは走り書きさせてもよいかもしれません。

出題者の意図を汲むことを教える

息子たちは3人とも出題者の意図を汲んで解答を作成するのが苦手でした。

3人のうち特にひどかったのは長男です。彼は「主人公が○○したのはなぜですか？」という問題が出れば「バカだから」と解答欄に書く子でした。彼が書く読書感想文は99％があらすじで、残り1％が感想でした。たった一言の感想はいつも同じ言葉でした。

「主人公はバカだと思います」

長男はバカという言葉を使って解答を作成する馬鹿者でした。国語の点数はいつも50点～80点でした。そんな長男に私は特に何も言いませんでした。言っても無駄であるような気がしたからです。バカと書くなと言えばアホと書くような気がしたからです。

出題者の意図を汲むことの重要性を教えることなく長男の低得点を放っておいたとこ

ろ、中2の最後あたりに国語の点数が上昇し始めました。「やっと脳にも成長期が来た！」と私は安心したのですが、そうではないことが4年後にわかりました。

高3の冬、長男は東大を受験して落ちました。私は不合格通知を見てふと心配になりました。「まさかいまだにバカと書いているのでは？」と。

私は長男の記述解答を確認するため、彼が高3の間に受けた模試の答案を見せてもらいました。全体を流し読みしたところ、「バカ」という言葉は見当たらず、私はホッとしました。

しかし答案をよく読むと、入試問題を解くのに必要な知識が不足している私にも「おかしい」とわかるようなことが書いてありました。社会科の答案に、教科書の記述を無視した自説が書かれていたのです（長男の答案例については第4章を参照してください）。

私は模試の採点基準表を見ながら長男に助言を行いました。

「出題者の意図を汲んで解答を作らないと！」

「出題者が望んでいる答えを書いてあげればいいんだよ！」

「採点基準表にあることを解答欄に書けばマルをもらえるよ！」

効果はてきめんでした。長男は浪人中に東大模試で上位20番以内に入れるようになりました。浪人中の最後の東大模試で、彼は数学の解答用紙を使い間違えるという貴重な経験をし、40点を失いましたが、それでも合格可能性は《A》と判定され、上位者一覧に名前が載りました。長男は無事東大に合格しました。

「出題者の意図を汲む！」
「採点基準表を意識する！」

長男は合格後このような指導を次男によく行っていました。また、次男も三男に同じような指導をしていました。息子たちは3人とも人類のうち出題者と呼ばれる人種の意図だけは完璧に読めるようになりました。

子どもの読書感想文や答案に「バカ」という言葉を発見しましたら、早めに手を打つことを皆さんにおすすめします。

子どもを自主的な勉強へと導いてくれる存在①

長男は小学5年生になってすぐの頃、同じクラスのKさんという女子生徒の話をよくするようになりました。

「すごく頭がいい」

「計算が速い」

「難しい問題もすぐ解ける」

「いつも手を挙げている」

長男はKさんのことをほめていました。それからしばらくたったある日、彼が訴えました。

「栄光ゼミナールっていう塾に入りたい」

長男はKさんが教科書とは異なる本を開いて授業を受けていることに気づき、彼女から聞き出したのです。その本が栄光ゼミナールのテキストであることを。

「公立の中学校に進むんだから、塾に入っても意味がないじゃない」

私はこう言って長男の要望を却下しましたが、彼の勉学意欲にとても感心しましたので、次の2案について検討しました。

1、塾に通わせて私立中学を受験させる。

2、塾に通わせるものの受験はさせず公立中学に進学させる。

「どっちもお金の無駄遣いでしかない」

このように判断した私は書店へ行き、本を1冊買いました。購入したのは「各単元の問題が基礎、標準、発展の3つに分類されているタイプの算数の問題集」です。そして長男に渡して言いました。

「自力で解けたときにうれしいと感じた難問をKさんに出してあげるといい」

こう言えば、勝つまで努力する負けず嫌いの長男が切磋琢磨していくだろうと思ったからです。

長男は私が買ってあげた問題集に毎日取り組んでいました。午前1時頃まで勉強する日もありました。

「今日この問題をKさんに出してみたけど解かれた」

「今日Kさんが僕の解き方よりもすごい方法でこの問題を解いた」

長男は挑戦の結果を日々私に報告してくれました。彼が問題集の問題をすべて解き終えると、私は再び書店へ行き問題集を1冊購入しました。それ以降私は2～3ヵ月に一度の頻度で問題集を買いに行きました。

1冊1000円程度でしたので、長男が小学生だった間に私が購入した問題集の総額は、彼が入りたがっていた塾の1ヵ月分の料金よりも安かったと思います。

長男はKさんに日々挑戦するうちに算数の難問を彼女から出してもらえるようになりました。Kさんが出してくれた問題に悪戦苦闘する長男の姿を私はよく見かけました。ある休日、長男は連絡網に記載されていた住所を頼りに彼女の家を探しに行きました。長男はKさんのことをとても気に入っているようでした。

卒業後、Kさんは名門私立中学校に進学し、長男は地元の公立中学校に進学しました。小学校最後の2年間、Kさんが長男と同じクラスにいてくれて本当によかったと思っています。

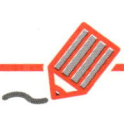

子どもを自主的な勉強へと導いてくれる存在②

長男がクラスメイトのKさんのおかげで自主的な勉強をスタートしたことは前に述べました。一方、次男は小5の頃に、三男は中1のときに自主的な勉強をスタートし、毎日黙々と長男が使った問題集に取り組んでいました。

この2人がなぜ自主的に勉強していたのか。2人を勉強へと駆り立てたライバルは誰だったのか。仕事が最も忙しかった時期の家庭内状況をどうしても思い出せない私は、筆と受話器を持ち替えて2人に取材を行いました。すると興味深いことがわかりました。

次男「自分が小5くらいのとき、お兄ちゃんを見かけるといつも勉強していた。お兄ちゃんはいつも中学校のテストが満点で、順位は1位だった。だから自分も毎日勉強して小学校で100点を取らなきゃと思っていた。あと、自分が中学生になったら必ず1位を取らなきゃとも思っていた。小5のときから」

三男「僕が中学生になったとき、『これで勉強して1位を取れ』という脅しと共に問題集を渡された。長男から。だから当初は自主的な勉強とは言えないものだったけど、クラスメイトのMさんよりも高い点数を取りたくて毎日コツコツ勉強した」

こうして見ますと、子どもが自主的に勉強するためには、年の近いお手本やライバルが近くにいる必要があるのかもしれません。

子どもを辞典好きにする方法

辞書は全部で19冊

かつて我が家の本棚には紙の辞書がたくさんありました。しかし今は少ししか残っていません。息子たち各々が独立の際にお気に入りの辞書を持ち出したからです。我が家の本棚にかつて入っていた辞書の種類と冊数は次の通りです（息子たちが大学生時代に購入した辞書は除きます）。

国語辞典……5冊
英和辞典……6冊

和英辞典……2冊
古語辞典……3冊
漢和辞典……2冊
ことわざ・慣用句辞典……1冊
百科事典……1セット
（合計19冊＋1セット）

これらの辞書のうち百科事典は義父から頂いたものです。国語辞典のうち1冊は夫がどなたかから頂いてきたものです。残りの18冊はすべて私が購入したものです。これら18冊のうち6冊は自分のために、12冊は息子たちのために買ったものです。

毎日4冊の辞書を学校に持って行き、持ち帰っていた

息子たちは中2か中3の頃、英和辞典2冊、和英辞典1冊、国語辞典1冊を毎日学校へ持って行き、そして毎日持ち帰ってきました。私がそのように指示したわけではありませ

ん。

彼らが運搬していた国語辞典は持ち運びに便利なコンパクトタイプのものではなく、厚さ10センチほどもある大型のものでした。息子たちはデニム生地の丈夫な手さげかばんを辞書運搬専用のバッグとして使っていました。

なぜ息子たちが英和辞典を2冊も運搬していたのかは覚えています。「薄い方は授業中の辞書引きゲームで使い、厚い方は学習で使うから」です。当時息子たちからそのように聞いた記憶があります。

一方、思い出せないことが色々とあります。なぜわざわざ重たい国語辞典を選んで運搬していたのか？　なぜ学校に置きっぱなしにしなかったのか？　辞書4冊の運搬は学校の指示で行われていたのか？

これらの疑問を解消するため、私は再び筆と受話器を持ち替えて息子たちに取材を行いました。すると3人の回答はほぼ同じ内容でした。彼らの回答をまとめると次の通りです。

質問）辞書4冊を毎日学校に持って行ったのは、学校からそのように言われていたからですか？

回答）ちがう。学校からは英和辞典を1冊持ってくるよう言われていた。

質問）その他3冊をなぜ学校に持って行ったのですか？

回答）3冊とも周りの人が持っていないようなかっこいい辞書だったから。

質問）わざわざ重たい国語辞典を選んで学校に持って行ったのも、それがかっこよかったからですか？

回答）はい。

質問）なぜ辞書を学校に置きっぱなしにしなかったのですか？

回答）かっこいいから持ち歩きたかった。愛着があったから置きっぱなしにはできなかった。

質問）薄い英和辞典以外の3冊がどのようにかっこよかったのか説明してください。

回答）国語辞典はカバーが革製で重さが2～3キロあって魔法事典のようだった。英和辞典も分厚かった。青いカバーや黒い箱がかっこよかった。和英辞典は赤と金色のカバーがかっこよかった。3冊とも他のクラスメイトは持っていなかった。

中学生はかっこいい辞書を買い与えられると、毎日持ち歩き、愛着を持つようになるようです。子どもには周りのクラスメイトが持っていないようなかっこいい魔法の書を買ってあげるとよいと思います。

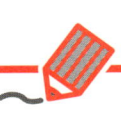

入試まで忘れない定期テスト対策

塾に入った後も市販の問題集を買い続ける

長男が中学校に進学したとき、私は彼の懇願を聞き入れ、入塾を許可しました。Kさんが通っていた塾の中等部に入れました。

長男は塾に入った後も、市販の問題集を使って勉強することを継続しました。彼は2～3ヵ月に一度、自分で書店に行って数学と英語の問題集を購入し、解き終わったらまた買いに行くということを繰り返していました。書籍代は私が出しました。理科と社会の問題集も時折買って来ていたように思います。

かなり高度な問題集を使って日々勉強する長男を見て、私は「塾に通わせなくてもいいなぁ」とよく思ったものです。

一方、長男は塾をとても気に入っていました。彼は定期的に高熱を出す子でしたが、そのような日でも塾に行きたがりましたので、私は解熱剤を飲ませて車で送りました。駐車地点から塾までの距離をゾンビや今の夫のようにゆっくり歩く彼の姿が私の記憶によく残っています（高熱の原因は扁桃炎なので周囲にはうつりません）。

よくないテスト勉強の方法（長男）

長男は中学校の最初の定期テストで学年1位を取ることができませんでした。順位は、240人中10番でした。彼はこの結果にとてもショックを受けているようでした。

長男の眉間のシワがなかなか消えませんでしたので、私は試験結果を分析してあげました。すると技術、音楽、体育などの実技科目の点数がとても高かったのです。私はとりあえずほめてから、どのようなテスト勉強をしたのか尋ねました。長男のテスト勉強の方法は次のようなものでした。

「テストでどんな問題が出るのか予想がつかなかった実技科目については試験2週間前から教科書の暗記に取り組み、理科と社会は試験1週間前からノートの暗記に取り組み、嫌いな国語は試験前日にノートを眺め、自信のあった数英については対策をしない」

テスト対策は試験3週間前にスタートする

私は長男に5つのアドバイスを行いました。

1、社会のテスト勉強は試験3週間前にスタートし、教科書、ノート、ワークを暗記すること
2、理科のテスト勉強は試験2週間前にスタートし、ノート、ワークを暗記すること
3、国語と英語のテスト勉強は試験3日前までにスタートし、教科書、ノートを暗記すること
4、実技科目のテスト勉強をするのは試験前日だけでよい。点数は60点でよい
5、数学のワークに一度は目を通しておくこと

これら5つのアドバイスを一言で大まかに表現するとこうなります。
《テスト勉強は3週間前にスタートし、理社と国英はすべての教材を暗記すること》
長男は私のアドバイスを受け入れ、次のテストからは試験3週間前に対策を始めるようになりました。長男が通っていた地元の中学校では、試験の2週間前にならないと試験範囲が発表されませんでしたので、彼は試験3週間前になると自分で試験範囲を予想してテスト勉強を開始しました。
2学期中間テスト以降、彼は学年1位を取り続け、中3になると5教科合計点が490点を超えるようになりました。

試験3週間前からテスト勉強をすれば入試まで忘れない

長男は公立高校の入試直前期になっても過去問演習などの入試対策を始めず、市販の問題集を毎日楽しんでいました。

「理社の総復習くらいはやっておいた方がいいのでは？」

このように思った私は彼に理社の復習を何度か提案しましたが、そのたびに次のような返答がありました。

「教科書やワークのどのページにどんな写真があって、どんなイタズラ書きがあるかまで覚えているから大丈夫」

長男は県立千葉高校に無事合格しました。彼が入試前に理社の復習をすることなく合格できたのは、3年間実践した《3週間前スタート》で知識が脳に深く刻み込まれていた上、時折買って来ていた理社の問題集が忘却を抑止したからだと思います。

よくないテスト勉強の方法（次男と三男）

長男と同様に次男も中学校の最初の定期テストで高い点を取れませんでした。社会科のノート、ワーク、教科書のうち前二者しか覚えなかったこと、国語と英語の教科書本文を暗記しなかったことが原因でした。

三男は兄2人とは異なり、中学校の最初の定期テストでかなり高い点を取りました。しかし1位ではありませんでした。試験直前までテスト勉強を始めなかったこと、書かずに眺めて英単語を覚えようとしたことが1位を逃した原因でした。

私は次男と三男にも前記の５つの勉強方法を教え、それらが長男の実践していた方法であることを強調しました。２人とも2学期からはきちんと《3週間前スタート》を実践し、常に首位をキープし、入試前に受験勉強をすることなく県立千葉高校に合格しました。

のちに三男はよく「2乗の3倍の法則」という言葉を口にしていました。この言葉は《テスト1回分の試験範囲を21日かけて覚えると21の2乗の3倍の日数（１３２３日）の間は忘れない》という意味の言葉のようです。しかし長男がいまだに教科書のイタズラ書きをよく覚えていることを考慮すると、《3乗の法則》の方が正しいのかもしれません。

余談

息子たちが通った公立中学校（千葉県）では、定期テストの実施月が《5月、7月、10月、12月、2月》であり、テストの間隔が2～3ヵ月ありました。一方、私の甥っ子たちが通った公立中学校（近畿地方）では、定期テストの実施月が《5月、6月、10月、11月、

2月》であり、中間テストと期末テストの間隔が30日しかありませんでした。

このような中学校の生徒が《3週間前スタート》を実践すると、中間テストの返却期間中に期末の試験勉強を始めることになります。これでは子どもは意欲的にテスト勉強に取り組むことができません。どの中学校もテストとテストの間には2～3ヵ月の間隔を設けるべきであると思います。

教育費が月5000円以下で済んだ理由

「吾《われ》ただ足るを知る」という言葉がありますが、これを少しもじった「吾ただ知れば足る」という言葉が中学生の頃の息子たちにはぴったりでした。彼らは勉強を通じて知識を得ると、喜びを感じて満足し、お菓子やゲームを渇望するようなことがなかったからです。

こうして学力が伸びていきましたので、まさに「好きこそ物の上手なれ」でした。

『私の東大合格作戦』を本棚に入れておく

ある日、長男が手書きのランキング表を持って私のところに来ました。彼が中3だった年の秋頃のことです。そのランキング表には千葉県内の各高校名と東大合格者数が書かれていました。

「東大合格者数が一番多いのは千葉高だから千葉高に行くことに決めた」

長男がこう言いましたので、私は同意しました。そして思いました。「勉強好きの上に東大に興味があるなら、千葉高の次は東大に進むのでしょう」と。

長男が東大に興味を持っていることに気づいた私はすぐに書店へ向かい、本を1冊購入しました。買ったのは『私の東大合格作戦』（エール出版社）という本です。この本では東大合格者たちが自らの勉強方法、生活パターン、使用した問題集などを紹介しています。

子どもが何かに興味を持っていることに気づいたら即座に誘導してあげることが大切ですから、私は『私の東大合格作戦』を宇宙の本と同じように長男にすぐ手渡してもよかったのですが、当時はまだ高校入試も終わっていない段階でした。そのため私はその本を子ども部屋の本棚に入れておきました。

本棚に『私の東大合格作戦』を入れたことも忘れて毎日忙しく働いていた私は、ある日長男から金銭を要求されました。千葉高の入学式が終わってから1ヵ月ほどたった頃のことです。

「東大に入るのに必要な問題集を買ってくるから2万円ちょうだい」

私は長男が『私の東大合格作戦』を読んだことにすぐ気づきましたので、言われた金額を出しました。彼がどんな問題集を購入したのかについては第4章を参照してください。

代ゼミの特待生制度を利用する

東大に落ちた長男が浪人中、東大模試で全国20番以内に入れるようになったことについてはすでに書きました。このとき長男が通っていた予備校は代々木ゼミナールです。

長男が高3だった年の2月、東大入試の直前期に、代ゼミから書類が届きました。そこには「もし浪人するなら代ゼミに入ってください。料金は全額免除します」というようなことが書いてありました。

それまで彼は代ゼミで模試を受けたことはありましたが、授業や短期講習を受けたことはありませんでしたので、私は「なぜ特待生に?」と不思議に思いました。しかし深く気にすることなく、翌月入学手続きに行きました。タダより安いものはないからです。

長男をタダで合格に導いてくださった代ゼミはとてもよい予備校であると思いました。

そして、浪人する前に次男と三男を代ゼミに入れておくことが得策であると考えましたので、私は2人にスカラシップ生選考試験を受けさせました。2人ともスカラシップ生となり、料金の全額免除を認められました。

「毎月の教育費は長男5000円、次男5000円、三男0円」と本書の冒頭で書きましたが、ここまで安く済んだのは代ゼミのスカラシップ制度のおかげです。

同じく本書の冒頭で私は自分の難病について書きましたが、この病気は私が教育費のことであまりにも得をしすぎた報いなのではないかと一頃思っておりました。タダより怖いものはないからです。

補足

長男と次男の教育費5000円はZ会の通信添削指導の料金です。当時2人は一部科目のみ添削指導を受けていましたが、「旬報《じゅんぽう》」というものが定期的に郵送されてきましたので、受講科目以外も学ぶことができました。「旬報」とは、受講科目を含む様々な科目の問題・解答・解説が掲載されていた冊子のことです。

現在の受講システムについてはZ会にお問い合わせください。

第 4 章

勉強に関すること

【高校・浪人生】

本章について

子どもが高校生になったら勉強面にはほとんど関わらなかった

高校・浪人生時代の息子たちの勉強面に関して私が覚えていることは次の5つくらいです。

1、長男が『私の東大合格作戦』という本で紹介されていた問題集を買ってきた
2、長男が使った問題集をそのまま次男が使い、次男が使った後は三男が使った
3、長男が次男に勉強方法を教え、次男が三男に勉強方法を教えていた
4、全員「代ゼミのスカラシップ制度」と「Z会の旬報」を利用していた
5、「出題者の意図を汲みなさい」という私のアドバイスの後、得点が急上昇した

これしか思い出せない理由は、**私が高校・浪人生時代の息子たちの勉強面にほとんど関わらなかった**からです。彼らは『私の東大合格作戦』「Z会の旬報」「代ゼミ」の助けを借りて日々こつこつ勉強していましたし、長男は次男をサポートし、次男は三男をサポートしていましたから、私の出る幕はほとんどなかったのです。

私は高校・浪人生時代の息子たちが各科目を具体的にどう勉強していたのかについては一切知りません。しかし、知らないからと言って彼らの具体的な勉強方法の紹介を省きますと、読者がお困りになってしまいます。そこで私は息子たちに取材を行いました。

英数国社の4科目については長男に取材を行いました。なぜ長男かというと、次男は勤務時間外は2次元の世界にいて連絡が取れませんし、三男は仕事と育児で忙しく取材に応じる時間がない一方で、毎日昼間からバーベキューをしている長男には取材に応じる時間がたっぷりあるからです。

ただ、理科については理系の三男に聞かざるを得ませんので、忙しい彼に取材を行いました。しかし三男が理科の勉強方法について「覚えていない」と簡潔に答えてくれましたので、本章ではその他4科目の勉強方法を紹介します。

4科目の勉強方法に関する長男への取材はメールで行いました。本章ではそのときのメールのやり取りを公開します。

彼からの返信メールにはいつも通り大量の顔文字があったのですが、大変煩わしかったので、本書に転載する際に7割ほどカットしました。

英語の勉強方法

筆者　それでは高校・浪人時代にどのように英語を勉強していたのか教えてください。さっき電話でも言いましたが、こちらに届いたメールをそのまま本に載せたいので、まじめに文章を書いてください。

長男　はいほい(^o^)
私は英語の長文を読むときは常に「and の接続」に注意を払いました。
例文1）He wants to buy a large bed made in France and make love with Hatsune Miku on it.（彼がやりたがっていることは、フランス製の大きなベッドを買って、その上で初〇ミクとイチャイチャすることだ）
この例文で and が結んでいるのは buy と make です。英文中に and が出てきたら、何と何が結ばれているのかを把握することが大事です。

また私は**各文の主語と動詞をしっかり把握する**よう心がけました。

例文2）In the photo, the woman looking up at the sky and surrounded by butterflies is my father.（その写真で、空を見上げてチョウチョに囲まれている女の人が私の父親です）

この例文では、長い主語を読みつつ、動詞（is）の登場を待つ姿勢が大事です。またandが2つの分詞（lookingとsurrounded）を結んでいることを把握することも大事です。

私はまた**文構造を予想しながら英文を読む**ことを心がけました。

例文3）The fact that while Misako gave chocolate to Daisuke he sent candy not to her but to his favorite voice actress made his mother laugh out loud.（みさ子は大輔にチョコレートをあげたが、彼は彼女にではなく大好きな声優にキャンディーを送った、という事実は彼の母親の腹筋を崩壊させた）

この例文では、「that while」を見た瞬間に「that while S V S V」となることを予想することが大事です。また文全体の動詞（made）を待つ姿勢が大事です。

私は**英作文の問題を解くときは中学英単語と中学英文法を使う**よう心がけました。

また、賛成か反対の意見を述べさせる自由英作問題を解くときは論理的な文章を書くよう努めました。

意見の内容は立派なものである必要はなく、真実である必要もないと自分に言い聞かせて答案を作成しました。

私はこのタイプの自由英作文に取り組むときはいつも次のような4段落構成で文章を書きました。

1、私はこの考えに反対する。(I don't agree with this idea.)

2、なぜなら～だからである。(This is because S V.)

3、たしかに一部の人は～と言うかもしれない。しかし～である。(Sure, some people may say S V. However, S V.)

4、よって、私はこの考えに反対する。(So, I don't agree with this idea.)

私は**高校英文法については中学生の間にインプット作業をほぼ完了していましたので、高校生になってからはアウトプット作業に力を入れました。**

公立中学校は一部の人間に対する配慮から英語が好きな人なら1年前後で習得できる学習事項を3年もかけてダラダラ教える役所です。中学生は学校を復習の場と考えて自宅でどんどん学習を進めるべきだと思います。

筆者　なるほど。ところで、例文1のHeはJinanのことですか？

長男　いや、彼はアイマス派だから安心して(^o^)（※1）

【使用した教材】

『ビジュアル英文解釈』（駿台文庫）、『速読英単語1 必修編』（Z会）、『速読英単語2 上級編』（Z会）、『英単語ターゲット1900』（旺文社）、『新・英文法頻出問題演習〈PART1 文法編〉』（駿台文庫）、『英文解釈教室改訂版』（研究社）、『英英単語帳』（母・光子が英英辞典を使って学生時代に作った単語帳）、「Z会の旬報」

（※2）、過去問（東大、東大模試）、代ゼミのテキスト（佐々木和彦先生、富田一彦先生、西きょうじ先生）

（※1）アイマスとは、アイドル育成ゲーム「アイドルマスター」の略だそうです（筆者）。
（※2）「Z会の旬報」とは、Z会の通信添削指導を申し込んだ人に定期的に送付された冊子のことです。詳細については138ページを参照してください。

数学の勉強方法

筆者　では、高校・浪人時代に大好きな数学をどのように勉強していたのか教えてください。なるべく平易な日本語を使い、簡潔にお願いします。

長男　はいほい(^o^)

私は高校1年生になったとき、「全体像もゴールも見えないまま数学の勉強をちまちま進めるのはイヤだ」と思い、**数Ⅰと数Ⅱの教科書を最初から最後まで一気に読んで全体像を把握しました**。数Ⅰで習う二次関数や三角比の知識が数Ⅱを学ぶ上で必要不可欠であることを知ることができたのは有益でした。数Ⅰの二次関数をきちんと習得しないと、三角関数、指数関数、対数関数、微分法などの応用問題を解くことができません。

私は教科書に載っている定理・公式をすべて自分で導けるようにしました。また、問題の解法をただ丸暗記するのではなく、問題の本質をしっかり理解するよう心がけました。

例えば、「6人を2人ずつ3つの組に分ける方法は何通り？」という数Aの問題は計算の最後に3の階乗で割ればよいと丸暗記する生徒が周囲には多かったのですが、私は割る前の全90通りを樹形図に表して重複がたしかに6つずつあることを確認しました。

また私は**数Bのベクトルの問題を解くときは、単なる計算問題であっても必ず図をかくよう心がけました。なぜならベクトルは図形分野だからです。**

同じく数Bの漸化式で、わけもわからず特性方程式と置き換えを利用して解く生徒が周囲には多かったのですが、私はどちらも利用せず、図をかいて解きました。

例題を使って詳しく説明してもいいですか⁉(>_<)⁉

筆者

いいえ、もうけっこうです。本書の読者がこのページで本を閉じてしまう恐れがありますので。

長男　いや、ほとんどの読者は序章のサバイバルの話を読んですでに本を閉じている気がする……（・＿・；）

【使用した教材】

『1対1対応の演習』（東京出版）、『チャート式数学（赤チャート）』（数研出版）、「Z会の旬報」、過去問（東大、東大模試）、代ゼミのテキスト（岡本寛先生、荻野暢也先生、西岡康夫先生、山本俊郎先生）

国語の勉強方法

筆者　それでは国語の勉強方法について教えてください。

長男　私は**論説文を読むときはプロットを復元しながら文章を読み進めました**。プロットとは著者が下書きを書く前に作る設計図のことで、そこには完成原稿から決して漏れてはならない著者の重要な主張が書く順に並んでいます。著者はこの設計図に余計な肉付けをして見映えのよい文章にしてから出版します。

私はいつも次のような手順で問題文の設計図を復元していました。

1、第一段落を読む

2、第一段落で著者が言いたいこと（要点）を30字程度にまとめて余白に書き込む

3、第二段落を読む

4、第二段落で著者が言いたいこと（要点）を30字程度にまとめて余白に書き込む

5、以下同様のことを繰り返して最後まで読む

設計図を復元しながら文章を読み進めることの効果は次の2つです。

1、文章を一読しただけで「著者の言いたいこと」と「論理の流れ」が頭に入ります。なぜなら設計図を復元しながら文章を読み進めると「著者の主張の流れを表すフローチャート」が完成するからです。

2、記述問題の答えをスラスラ書くことができます。なぜならまともな問題作成者は著者の重要な主張が答えとなるような問題を作りますが、その重要な主張は一読後にできあがった設計図の中にあるからです。

設計図を復元しながら文章を読む私の読書法は大学でも役に立ちました。法学部生が覚えなければならない膨大な量の教科書・判例集の内容を学生時代の私が容易に脳内で整理・格納できたのは、設計図を復元しながらそれらを読んだからです。

筆者 なるほど。私は本書の執筆にあたり、まず《下書きの下書き》というものを作成したのですが、これをプロットと言うのですね。長男もさっきのメールを打つ前にプロットを書いたのですか？ それと古文・漢文の勉強方法についてもお願いします。

長男 はい。私は先ほどのメールを打つ前に次のようなプロットを紙に書いておきました。

1、設計図とは何か→著者の重要な主張のフローチャート
2、設計図を復元する手順。「一段落読む→要約」の繰り返し
3、設計図復元の効果は2つ。「一読で頭に入る」＋「スラスラ問題を解ける」
4、設計図復元は大学でも役に立つ

古文とは「主語がなく敬語の多い文が接続助詞「に」「を」「ば」で繋がっていることを特徴とする外国語」です。私は英語の勉強と同様に、古文についても文法と単語の習得を早めに済ませて長文問題の演習に力を入れました。大昔へとタイムトラベルできる日が来ることを夢見て、問題文を何度も音読し、古文で会話ができるよう

になることを目指しました。

漢文も古文と同様に外国語です。私は基本句形の習得を早めに済ませて長文問題の演習に力を入れました。問題文を何度も音読しました。

筆者 なるほど。「古文で会話」と言えば昔よく和歌を作っていましたね。今もよく和歌を詠むのですか？

長男 深夜に和歌メールを送ってくる変な人がいるので、返歌してる(^o^)

【使用した教材】

『古文上達 読解と演習56』(Z会出版)、『土屋の古文単語222』(代々木ライブラリー)、『標準古文単語650』(桐原書店)、『土屋の古文公式222』(代々木ライブラリー)、『漢文ミニマム攻略法』(旺文社)、『古文入試精選問題集』(河合出版)、『漢文入試精選問題集』(河合出版)、「Z会の旬報」、過去問(東大、東大模試、センター試験)、代ゼミのテキスト(笹井厚志先生、土屋博映先生、宮下典男先生)

社会科の勉強方法

筆者　それでは、社会科の勉強方法について教えてください。

長男　私は**高3の春に世界史の教科書・資料集の暗記作業をスタート**しました。秋頃、センター試験の過去問を15分で全問正解できるようになりましたので、**その後は暗記作業に費やす時間を減らし、論述対策用のテキストを読みました**。

地理も受験科目でしたので、私は高3のときに地理を勉強したはずなのですが、どのように勉強したのかほとんど覚えていません。たしか高校の地理の先生が国公立2次試験向けの授業をしてくださって、私は高3の秋頃から論述対策用のテキストを読んだような気がします。

浪人時代は代ゼミの武井明信先生から地理の授業を受けました。お話がとても面白かったことを覚えています。

筆者 私は本書の第3章で出題者の意図を汲むことの大切さについて書いたのですが、これについてはどう思いますか?

長男 忘れてました(>_<)

採点基準表を意識し、出題者の意図を汲んで論述することはとても重要です。私は高3の頃、次のような誤った考えを持っていました。

「採点者から『ほう、面白い』と思われるような自分なりの意見を論述すればマルがもらえる」

「教科書の内容を無視して論述してもかまわない」

例えば、私は次のような問題に対して次のような解答を書くような受験生でした(中学生にも理解できるよう、問題と解答を日本史に関するものにしました)。

例題）元寇について200字程度で論述しなさい。

解答）元寇は13世紀に日本とモンゴル帝国の間で起きた戦争である。モンゴル皇帝フビライは自分の好物であるナマコの献上を拒絶した日本に2度派兵した。その目的は日本を直轄支配地にしてナマコを税として徴収することにあった。しかし兵糧《ひょうろう》のキムチとザーサイを原因とする疫病が部隊内で流行し、派兵は2回とも失敗に終わった。戦後、日本ではナマコに対する評価が見直され、消費量が増え、価格が一時的に高騰した。ナマコの販売事業に手を出して失敗した御家人を救済するため、鎌倉幕府は徳政令を発布し、その債務を免除した。

このような証拠のない自説を解答欄に書いても採点者から「ほう、面白い」と思われればマルがもらえる、と高3の頃の私は思っていました。

当時私はこのような考え方を様々な科目に対して持っていました。とりわけ世界史に対してこのような考え方を強く持っていました。なぜなら私は歴史科目について次のような考えを持っていたからです。

「歴史教科書の記述は科学的実験によって再現することができない以上すべて想像

の域を出ない仮説であるから、歴史の試験において定説とは異なる自己の仮説を提唱してもよいはずだ」

私は自分が東大に落ちたときにお母さんがくれたアドバイスを今もよく覚えています。

「入試っていうのは採点基準表にあることを書いた者がマルをもらえるゲームなんだよ。世界史の採点基準表は教科書を基に作られているんだから、世界史で点を取りたければ、教科書の仮説を真実だと仮定して論述するのが賢い！」

私はこのアドバイスをもらった後、世界史に限らず、どの科目の問題を解くときも採点基準表を意識するようになりました。出題者の望んでいる答えを書いてあげるよう心がけました。私が前に述べた英作文と国語の勉強方法は、お母さんのアドバイスの後（浪人中）に実践していたものです。

出題者の意図を汲むよう心がけたところ、私の東大模試の得点は浪人中に飛躍的に上昇し、合計点が３２０点を超えるようになりました（２２０点が合格最低ライン）。論述問題を解く際は、採点基準表を意識し、出題者の意図を汲んで論述することが大事だと思います。

筆者 ナマコの話が面白かった。私が採点者なら、あのナマコの解答にマルつけます。

長男 ナマコおいしいよね(^o^)

【使用した教材】

『世界史Bの教科書』(東京書籍)、『ニューステージ世界史詳覧』(浜島書店)、『実力をつける世界史100題』(Z会)、『新詳高等地図』(帝国書院)、『実力をつける地理100題』(Z会)、「Z会の旬報」、過去問(東大、東大模試、センター試験)、代ゼミのテキスト(武井明信先生)など。

第 5 章

親の役割

子どもが1歳になったら、絵本を毎日読み聞かせる

私は息子たちそれぞれの乳幼児期に絵本、紙芝居、児童文学の読み聞かせを積極的に行いました。絵本の読み聞かせは1歳の頃から約6年間、紙芝居の読み聞かせは3歳の頃から約2年間、児童文学の読み聞かせは4歳の頃から約3年間行いました。読み聞かせを行った時間帯は絵本と児童文学は就寝前、紙芝居は3時のおやつの前でした。

我が家には紙芝居がたくさんありましたが、それらは大きく2種類に分けることができます。1つは昔話や童話などの市販紙芝居です。もう1つは私が作った特製紙芝居です。この特製紙芝居は、私の指示に対して馬耳東風だった長男を誘導するためのもので、詳しくは第2章で紹介しました。

児童文学とは『十五少年漂流記』など、絵より文字の方が多い本です。

私は**幼稚園を卒園した子から順番に、就寝前の読み聞かせを《自力読書》に切り替えました**。小学生になった息子たちは毎晩9時までに自分の読みたい本をもって布団に入り、それを30分読んでから眠りにつきました。

■**読み聞かせを行った期間**

絵本	1歳の頃から約6年間
紙芝居	3歳の頃から約2年間
児童文学	4歳の頃から約3年間（※）

※この期間は絵本と児童文学のうち、どちらか一方を就寝前に読み聞かせました。

■**読み聞かせを行った時間帯**

絵本	就寝前
紙芝居	おやつの前
児童文学	就寝前（※）

※児童文学の読み聞かせは、布団の中の子どもに本を見せなくても済むので腕がラクです。また子どもを早く寝つかせる効果があります。

作品を家に飾ってあげる

子どもに対する親の愛情表現には「ほめる」「スキンシップをする」など色々ありますが、私は次の3つをとても重視していました。

1、子どもが幼稚園や学校で作った作品を家に飾ってあげる
2、子どもに手作りの物をあげる
3、同じ料理は作らない

これらのうち2と3については次節以降で述べますので、本節では1についてお話しします。

しっかりほめて飾る（長男の作品）

長男は幼稚園年中の頃、折り紙で作った作品をよく家に持ち帰ってきました。彼の作品はペンギンやメダルなど、私がそれまでに見たことがないようなものばかりでした。

私は長男が折り紙を持ち帰るたびに「すごいね！ 上手だね！ どうやって作ったの？」と尋ねました。彼は折り方をしっかり覚えて帰ってくる子でしたので、家にある折り紙を使っててていねいに教えてくれました。

私は長男が幼稚園から持ち帰った作品はノートに貼って保存し、彼が家で再現してくれた方はタンスに貼り付けて飾りました。長男はお気に入りの作品ほど高い所に飾られることを好みましたので、私はタンスの何段目に飾ってほしいか確認してから貼り付けました。

「折り方を忘れないように、折る途中のものもノートに貼りたい」

あるとき長男がこのように要望しました。私は名案だと思い同意しました。半年もしないうちに立派な折り紙の教科書が完成しました。

長男は小学生になると折り紙ではなく絵をよく持ち帰ってくるようになりました。私はどの絵もしっかりほめてから家の壁に飾りました。そして飾った絵を見ながらまたほめました。

ほめる際は、まずは抽象的でわかりにくい表現を用いました。

「構図がいいね」

「複雑な色味がいいね」

といった表現です。

その後、作品の長所をより具体的に指摘しました。

「3匹のザリガニの位置と向きがいいね」

「赤い甲羅を5色の絵の具で表現しているところがいいね」

といった感じにです。

子どもの作品をほめる際、「上手だね」とか「きれいだね」と言ってあげるだけでは、上達や向上につながりませんし、また小学生が感じるうれしさや誇らしさはそこまで大きくないと思います。

長男は高学年になると、図工教育に熱心な担任のご指導のおかげで県や市のコンクールで何度も入賞しました。私はそれらの受賞作はさすがに画鋲で貼り付けてはいけないと思い、額縁に入れて飾りました。我が家は名画を何枚も飾れるほど広くありませんので、あるときから、長男が新作を持ち帰ってきたら展示中の旧作と取り替えるようになりました。

しっかりほめて飾る（次男の作品）

私は次男が学校から持ち帰ってきた作品についてもすべてほめたたえて飾りました。

次男は手先が器用な子でしたので、工芸品の製作が得意でした。私は彼が作品を持ち帰るたびに、「斬新なデザインだね」「繊細で優雅だね」といった抽象的でわかりにくい表現を用いてほめました。そして作品の長所をより具体的に指摘しました。

その上でさらに一言付け加えました。

「器用だね〜。将来、外科医になれるね」

当時、私は彼を医者か判事にしたいと思っていましたので、このような軽めの誘導と言いますか刷り込みのようなことを繰り返していました。しかしうまくはいきませんでした。

次男の工芸作品は2019年現在も我が家で展示されています。銅板で作られたサイのオブジェや、穴だらけの斬新なペン立てなどが家のあちこちに飾られています。

私は次男が学校から持ち帰ってきた絵画もすべてほめて飾りました。ただ我が家はそんなに広くありませんので、彼が新作を持ち帰るたびに展示中の旧作と取り替えました。ただし、次男が幼稚園年少のときに描いた私の肖像画だけは取り替えることなく数十年もの間、同じ場所に飾ってあります。ベランダの出入り口付近にです。目と口だけがある前衛的なその肖像画は丈夫な厚紙に描かれていますので、洗濯ばさみを挟んで保管するのにちょうどよいのです。

しっかりほめて飾る（三男の作品）

私は三男が学校から持ち帰ってきた作品についても、すべて出来栄えをほめて飾りました。三男の写実的な絵は夫の感性にぴったり合っていたようで、私よりも夫の方が熱烈にくどくどとほめたたえていました。

この人は三男が洋画の模写を持ち帰ってきたとき、「天才だ！　レオナルド・ダ・ヴィンチの再来だ！」と称賛し、飾られた絵を目にするたびに同じことを言い、食事中に誰かが芸術の話をするたびに同じことを言いました。

私にはあの人のほめ方は大げさでくどい上に効果がないように感じられました。**制作者をほめるのではなく、作品のどこがよいのか指摘しつつ出来栄えの方をほめることが、子どもに自尊心や誇りをもたらし、子どもを上達や向上へと導くのではないでしょうか。**

私はあの人のあれを聞くたびにこのように思ったものですが、それを口に出して言うことはいつもイライラによって妨げられました。

作品を飾ってもらえなかった子の悲しい声

ある日、三男が自作の花瓶を学校から持ち帰ってきました。彼が小学校中学年だった頃のことです。花瓶の側面には翼のようなものが生えた何かがついていました。魚にも鳥にも飛行機にも見えるそれは、その数年前に彼が制作した縄文土器に似ていました（第2章参照）。

私が尋ねると、三男は鳥だと教えてくれました。私は花瓶の色合いをほめてから、花を挿して玄関の展示台に飾りました。

それからしばらくたったある日、私が生徒Aのレッスンを終えて次の生徒Bの入室を待っていたとき、この2人が玄関で話をする声が聞こえてきました。

「杉政くんの家ってこうやって飾ってもらえるんだよね〜。うちなんて……」

彼女たちが三男の花瓶について話をしていることはすぐにわかりました。少し沈んだ声でした。飾ってもらえなかった子の悲しい声を聞いたそのとき、私は飾ってあげることの大切さを改めて認識しました。

子どもが学校で何かを作って持ち帰ってきましたら、その出来栄えをしっかりほめて飾ってあげるとよいと思います。

縫い物を手作りしてあげる

息子たちが通っていた幼稚園と小学校は進級のたびに給食袋・体操服袋・防災頭巾カバーなどの新調を保護者に求めてきましたので、私は年度が替わるたびにそれらをすべて自分で作りました。

作る際は息子たちそれぞれの好みに合う色や柄の生地を使いました。子どもの喜ぶ顔を思い浮かべながら、深夜にゆっくりと縫い物をしました。とても楽しい時間でした。

「新しいタオルで雑巾を３枚作って持ってきてください」

このような手紙を息子たちそれぞれが小学校から持ち帰ってきたときは、さすがにため息が出ました。我が家の新品のタオルが９枚も減ってしまうからです。それでも私は雑巾を９枚縫い上げて息子たちに渡しました。今は１０８円均一ショップで雑巾が安く買えますが、裁縫がお好きな方は買わずに作ってあげるとよいと思います。

息子たちは子どもの頃「ドラゴンボール」が大好きでした。毎週欠かさずアニメのテレビ放送を見ていました。

私はドラゴンボールのファンである彼らのために同作の主人公《悟空さん》の衣装を作ってあげました。裁縫の経験が豊富な私でもそれまでにズボンを作ったことはありませんでしたので、縫い上げるのに苦労しました。完成した衣装を着た息子たちは大喜びでかめはめ波を打っていました。

息子たちは私が作った縫い物を大切に使ってくれました。彼らが1年間使用した給食袋や防災頭巾カバーには汚れや傷がほとんどありませんでした。もう1～2年は使えそうなぐらいきれいでした。しかし進級のたびに新調するというのが学校の決まりでしたので、私は新年度が始まるたびに新しいものを作ってあげました。

息子たちは私が作ったのではない物も長く大切に使う子でした。長男は小学5年生のときから大学を卒業するまでの間、シャープペンシルを一度も買い替えることなく同じものを愛用していました。

次男は中学1年生のときから大学を卒業するまでの間に一度しか筆箱を買い替えませんでした。

三男は携帯電話を使い始めてから現在に至るまでの14年間に一度しか買い替え（機種変更）をしていません。

息子たちは中学生の頃に使っていた辞書を今も愛用しています。彼らは3人とも少し異常なくらい物を大切に使う子なのです。物を大事に使う彼らの性質は私の縫い物を大切に使う過程で育まれたものなのかもしれません。

裁縫がお好きな方は子どもに縫い物をたくさん作ってあげるとよいと思います。

同じ料理は作らない。定番料理は必要ない

献立ルール

息子たちが子どもだった頃、私は次の３つのルールに従って毎日の夕食の献立を決めました。

1、給食の献立と重複しないこと
2、直近３～４ヵ月の間に作ったことのある料理は出さないこと
3、数ヵ月ぶりに同じ料理を作るときは材料の生産地やレシピを変えること

私がこの献立ルールに従っていた理由は３つあります。第一に、「栄養の偏りを防ぐた

め」です。給食の献立と同じものを夕食で出したり、しょっちゅう同じ料理を出してしまったら、特定の栄養素の摂取量が多すぎたり少なすぎたりしてしまいます。

第二の理由は「食の喜びを減らさないため」です。冒頭の献立ルールに従って日々料理を作れば、子どもは五感と脳に毎日異なる刺激を受けます。これらの刺激はどれも馴染みがなく、また心地よいものですから、子どもは食事のたびに驚きとおいしさを感じ、大きな喜びを得ます。

第三の理由は「食事を楽しいものとするため」です。冒頭の献立ルールに従って食事を作れば、子どもは食べた料理に関して様々な疑問を持ち、質問してきます。「いただきます」の10秒後には質疑応答が始まるのです。

「なんでこんなふわふわなの？」
「焼く前に蒸したのよ」
「この酢漬けの香りは何？」
「ディルシードっていう香辛料を使ってみたのよ」

「今日の味噌汁、なんか味が深い！」

「刺身を取った後のアラで出汁を取ったのよ」

「このアスパラ、味が濃い！」

「今日北海道から届いたのよ」


食事の開始とともに始まるこのような会話はとても楽しいものです。なぜならこの会話は食の喜びを感じながら行うものですし、さらにこの会話を通じて子どもは知的好奇心の充足を得られ、親は得意気になれるからです。冒頭の献立ルールに従って料理を作れば、親子間で楽しい質疑応答ができるのです。

冒頭の献立ルールに私が従っていた3つの理由を長々と説明しましたが、簡潔に言えば、「子どもに最上の栄養と喜びと楽しさを与えたいという愛情」が私にこのルールを守らせたのです。

肉・野菜・魚すべてを使う

食事は喜びと楽しさを食べた人にもたらさなければなりませんから、私は夕食を作る際は息子たちの好きな食材を使用するよう心がけました。

次男は食卓に肉料理がない場合に、三男は野菜料理がない場合に不満が顔に出る子でしたので、私は毎日肉料理と野菜料理の両方を作りました。長男はすべての食材が好物で、何でもおいしそうに食べる子でしたが、中でもとりわけ青魚を好んでいましたので、私は魚料理も併せて出すよう心がけました。

《子どもが嫌いな食材は使わない》ということをしますと栄養に偏りが生じてしまいますので、私はそのような食材は工夫して使用しました。次男はネギ類が苦手でしたので、私は細かく刻んでよく炒め、刺激成分を飛ばしてからハンバーグなどの料理に潜ませました。原形がなくなるまで長時間煮込んだりもしました。

長男と三男には嫌いな食べ物がありませんでしたので、我が家のNG食材は次男の苦手なネギ類だけでした。なぜ息子たちには嫌いな食べ物がほとんどなかったのか、今少し不思議に思いましたので考えてみたのですが、よくわかりません。同じ料理をめったに出さなかったことがよかったのでしょうか。

私は自分の持つ知識・経験・料理本のすべてをフル活用して夕食を作りましたが、休日に昼食を作る際は手を抜きました。休日の昼には焼きそば、冷やし中華、オムライスなど、頭も労力も使わずに作れる料理を出しました。休日は家事をしたくなかったからです。栄養よりもカロリーの方が多い料理を出すことについて、私は罪悪感を少し覚えましたが、「夕食はちゃんと作る！」と考えてそれを打ち消しました。

私は冒頭の献立ルールを常に守ったわけではありません。極度に体調が悪かったときは、直近3～4ヵ月の間に作ったことのある料理を出したり、近所の店に出前を頼んだりしました。しかし息子たちの誰かが大学受験生であったときは、冒頭の献立ルールを決して破らないよう心がけました。なぜなら**受験生の楽しみは、勉強以外には食事しかない**からです。

息子たちの誰かが大学受験生であったとき、私はその子の食事中の様子を見ることによって勉強が順調か否かを推察しました。楽しく会話をしながら「おいしい～」と言って食べる様子を見たときは、「順調に勉強が進んでいるんだな」と思いました。無言で食べる様子を見たときは、「まだ難問を処理しているのかな?」と考えました。

「うちの晩御飯って定番料理がなかったよね」

これは独立した息子たちから以前言われた言葉です。私は同一の料理を出すことを極力回避していましたので、我が家には定番料理がなかったのです。

食事を通して子どもが得る《栄養・喜び・楽しさ》を最大化するために冒頭の献立ルールを実践なさることを各家庭の料理長におすすめします。

補足

私は『栄養と料理』という月刊誌を毎月買っていました。この本を初めて購入したのは高校2年生のときです。乳がんの手術をした母の代わりに食事を作る必要があったため購入しました。

母は手術で胸部とその周辺を広範囲にわたって切除され、術後半年ほど腕を動かすことができませんでしたので、私はこの雑誌を参考にして半年間食事を作りました。

私が県外の大学に進学した直後、母は転移が見つかり入退院を繰り返すようになりました。この期間には私の妹が『栄養と料理』を参考にして食事を作りました。大学の夏休みや冬休みの間は私が食事を作りました。結婚後は毎月この雑誌を購入しました。『栄養と料理』以外の雑誌や料理本もたくさん買いました。息子たちが独立すると買わなくなりました。

1年365日、朝食は卵

私は晩の食卓には同じ料理を出しませんでしたが、朝の食卓には同じ料理しか出しませんでした。

我が家の平日の朝食はいつも目玉焼きと白米でした。使用した卵はニワトリの卵です。焼き加減については長男はウェルダンを、次男と三男はミディアムレアを好みましたので、私は毎朝焼き加減の異なる2種類の目玉焼きを作りました。そして梅干し、コウナゴ、しらす干しなどを添えて食卓に出しました。前夜に作っておいた味噌味の野菜スープを出すこともありました。

一方、休日の朝食はいつもゆで卵とパンでした。塩とコショウで味付けした蒸しキャベツを添えて出しました。平日の目玉焼きと同様に、私はゆで加減の異なる2種類のゆで卵を作りました。

このように私は平日も休日も朝の食卓には必ず卵料理を出しました。卵料理と言いましても、ほとんど手を加えない簡単なものでしたから、「卵を出した」という表現の方が的確かもしれません。私が毎朝の食卓に卵を出したのは、卵が短時間で調理できる栄養豊富な食材だからです。

一時期、長男が《タロウ》という名のメスのニワトリを庭で飼育していました。彼女は男性ホルモンの分泌量が多すぎたようで、産卵周期が長く、また非常に凶暴・好戦的でした。長男から指示されれば何にでも飛び掛かる兵隊でした。まるでサイヤ人のようでした。彼女は闘鶏か鷹狩りに使えそうなほどの戦闘力を持っていましたが、我が家の卵需要を賄えるほどの産卵能力は持っていませんでした(タロウについては巻末のおまけ参照)。

現在の息子たちが毎日どんな朝食を取っているのか、私は筆を進めつつ気になりましたので、電話をかけて聞いてみました。3人の回答は次の通りです。

長男：温泉卵2個、梅干しの種1個（米は食べない）

次男：なし（1日2食）

三男：納豆1パック、白米1膳

私はいま次男がきちんと健康を維持できるのか心配しています。次男のために毎朝卵料理を作ってくださるお嫁さん（を2次元から呼び出す方法）を募集したいのですが、彼が「カッコをはずせ」と言って聞かないのです。

入試当日の朝食

朝の食卓には必ず卵料理を出したと書きましたが、そうしなかった日があったことを思い出しました。それは入試の当日です。

高校入試当日の朝、「ごはんが喉を通らない」と長男が訴えました。緊張といつもより早い起床が原因のようでした。そこで私はツナやマヨネーズなどを食パンの上にのせ、オーブントースターで焼いてから出しました。

このツナマヨパンは食欲がなくても食べられると好評でしたが、入試会場で問題が起きました。ツナマヨパンはとても消化がよかったため、長男は昼休みのだいぶ前にお腹が空いてしまったのです。彼は入試会場で早弁せざるを得ませんでした。

慶應チョコレート事件

長男は高校進学後もツナマヨパンの長所と短所をしっかり覚えていたようで、大学入試の直前期に次のようなことを言ってきました。

「慶應の入試当日の朝はツナマヨパンにして。あとチョコレートを1箱買っておいて。試験会場で食べるから」

入試当日の朝、長男はツナマヨパンを食べ、チョコレートなどを持って家を出発しました。

「チョコ没収された」

試験が終わって帰宅した長男が開口一番このように言ったことを私は鮮明に覚えています。私は長男が休み時間中に食べるのだろうと思ってチョコレートを買ってあげたのですが、彼は食べながら試験を受けたのです。得点が高くてもチョコレートの没収が原因で不合格となるのではないかと私は不安になりました。

その数日後、慶應義塾大学で面接試験が行われました。面接を終えて帰宅した長男が放った言葉も私はよく覚えています。

「面接カードを白紙で出したからすぐ終わった。うまくいった」

カードにあれこれ書いたら質問されてしまうと考えた長男は、両面1枚の用紙に9文字の志望動機（「法律を学びたいから」）しか書かなかったのです。面接が短時間で終わったことを喜ぶ長男を見て、私は不合格通知が届くことを覚悟しました。

数日後、どういうわけか合格通知が届きました。慶應義塾大学はとても懐が深い大学だと思いました。

東大カロリーメイト事件

慶應義塾大学の度量の大きさを知ってから数日ほどたった頃、長男に言われました。

「東大入試までにカロリーメイトを3箱買っておいて。試験会場で食べるから」

また没収されるからダメだと私は返答したのですが、「没収されないようちゃんと気をつける」という言葉が返ってきましたので、私はカロリーメイトを買ってきました。

東大入試2日目の晩、彼は夕食の席でうれしそうに言いました。

「カロリーメイトを食べながら試験を受けたけど、ばれなかった」

私は驚き呆れました。没収されないようちゃんと気をつけるという彼の言葉を、「休み時間に食べる」という意味に解していたからです。

塞がらない開いた口で私が色々と言うと、長男は食べ残したカロリーメイトと消しゴムを自室から持ってきました。そしてなぜ試験中の食事が発覚しなかったのかを説明してくれました。説明を聞き終えた私は「没収されないようちゃんと気をつける」という言葉の本当の意味を理解しました。

長男はカロリーメイトが消しゴムに見えるようカッターナイフで加工して試験会場に持ち込んだのです。そして《食べられる消しゴム4個》と《食べられない消しゴム2個》を机に並べて試験問題を解き、休み時間になると減った分を補充したのです。

長男は言いました。

「箱ごと置いたらばれる。黒い食べ物もばれる。慶應入試のときに学習した」

それから3年後、私は東大の入試会場へと出発する次男に弁当のほかチョコレートとおにぎりを持たせました。そして慶應チョコレート事件の話をし、試験中には決して食べないよう警告しました。試験が始まる前に適量を食べるよう言いました。次男はきちんとルールを守りました。三男も同様でした。

カッターナイフでの加工に時間を費やして試験中に食事をした長男よりも、勉強に時間を割いて試験前にエネルギー補給をした次男と三男の方が、無駄もリスクも少なく賢いと思います。皆さんには後者の手法をおすすめします。

補足【ツナマヨパンのレシピ】

1、ツナ、スライスオニオン、チーズ、マヨネーズ、牛乳、コショウを混ぜ合わせる
2、混ぜ合わせたものを食パンの上にのせる
3、オーブントースターで焼く

子どもに様々な体験をさせる。ただし墓参りはさせない

子どもに色々な体験をさせることは大切です。子どもを殻で覆って養分だけを与えたら、その子は養分のみを得て図体だけが大きくなります。一方、**子どもを外に連れ出して何かを体験させれば、その子は養分以外の何かも得て、体も脳も才能も成長します。**

私はこのように考え、息子たちに様々な体験をさせました。本節では、園児・小学生だった頃の息子たちに私が体験させた四季折々のイベントを紹介します。

春は国内旅行

私は毎年3月に息子たちを国内旅行に連れて行きました。宿泊日数は2～3泊でした。仕事で忙しい夫は千葉に残しました。

春の旅行先は京都、奈良、大阪、兵庫、岡山、広島などの西日本各地でした。関東甲信越や北海道には連れて行きませんでした。これらの地域には別の季節に連れて行くことにしていたからです。

京都と奈良では寺巡りをし、大阪、兵庫、岡山、広島では名物を食べつつ名所を見て回りました。

ゴールデンウィークはキャンプ

年2回行くことにしていたキャンプのうち1回は、ゴールデンウィーク中に実施しました。場所は千葉にある《県民の森》です。ここは自宅から車で10分の所にあり、利用料もテント代も無料でしたので、我が家のゴールデンウィークは渋滞や出費とは無縁でした。三男が園児だった頃に実施した最初のキャンプのときは、キャンプ場から無料のテントを借りました。次の年からは自前のテントを使いました。

下2人が大きくなると、少し遠出して茨城などでもキャンプをしました。息子たちはキャンプのたびに手や足や目にケガをしました。よい経験になったと思います。

初夏は潮干狩り

私は毎年初夏には息子たちを船橋海浜公園に連れて行き、一緒に潮干狩りをしました。魚図鑑を読むことが好きだった息子たちに海を見せ、海水に触れさせ、海辺の生き物を見せたかったからです。

自分で取った貝を生きているうちに調理して食べますと、漁獲の達成感と素材の新鮮さのため、とてもおいしく感じられます。このことを体験させたいという思いもありました。

夏もキャンプ

私はゴールデンウィークだけでなく夏休み中にもキャンプを実施しました。ゴールデンウィークのキャンプ場は近場でしたから、夏は少し遠い所でキャンプをしました。よく行った場所は山梨、栃木、茨城です。

魚が好きな息子たちのために、私は川辺や湖畔のキャンプ場を選びました。利根川では釣れない魚を観察することができて、彼らにはよい体験になったと思います。

夏は長野や北海道などの涼しい所にも息子たちを連れて行きました。体験ではなく私の避暑が主たる目的でした。

お盆の時期は海水浴

私は毎年8月に息子たちを海水浴場へ連れて行きました。最初の数年間は千葉県内の海水浴場を利用しました。その後、私の父が実家近くの海辺に別邸を一軒建ててくれましたので、それからはこの別邸前の海を海水浴場として利用しました。

別邸滞在中、息子たちは毎日朝から晩まで海で遊んでいました。彼らがバケツいっぱいの小魚を持ち帰ってくれば、私はそれを素揚げや天ぷらにしました。彼らがバケツいっぱいの貝を持ち帰ってくれば、私はそれを酒蒸しや味噌汁にしました。彼らが海へとつながる沼地でカメを捕まえてきたときはさすがに調理しませんでした。

私は盆に殺生を行う息子たちに対して特に何も言いませんでした。私は盆の殺生を気にしない人間だからです。私が盆の殺生を気にしないのは、母を早くに亡くしたときに神や仏を信じなくなったことと関係があるように思います。私は天国も地獄も霊魂も信じませんので、墓参りというものの必要性を感じません。私が成人前の息子たちを杉政家の墓に連れて行った回数は1回だけです。

２０１９年現在も健在である私の父は寺で育ち、公務員になるまで仏教修行に励み、お経を読む日課を数十年欠かさない信心深い人なのですが、私たちの《盆の殺生》を咎めたことは一度もありませんでした。

「孫は自分の子ではない。他人の子。口出しはしない」

父はこのような考えを持っている人なのです。

「盆にようやるわ」

父は毎年笑っていました。

地獄も霊魂も信じないと書きましたが、私は地獄や霊魂を教育や誘導の手段としてよく利用しました。

「お盆の時期は幽霊に足を引っ張られるから気をつけて泳ぐんだよ」

海で遊ぶ息子たちによく言った言葉です。地獄の利用方法については第2章でお話ししましたので割愛します。

秋は運動

秋は運動の季節ですから、私は息子たちをひたすら歩かせました。歩かせた場所は筑波山（茨城）、高尾山（東京）、鋸山《のこぎりやま》（千葉）などの山です。

私は紅葉が大好きです。色と音が好きなのです。色づいた葉の色は単純な黄色や赤ではありません。葉の模様や傷と相俟《あいま》ってとても複雑な色味をしています。踏めばポテトチップスや春巻きの皮よりも軽やかにパリパリと鳴ります。

私は息子たちに紅葉の色や音、冷たく澄んだ空気を体験させ、そして運動させるために山へ連れて行きました。

秋は山以外の場所にも連れて行きました。《県民の森》まで自転車で行ってバーベキューをしたり、県内の史跡を巡るハイキングをしたりしました。私は息子たちを《ふなばしアンデルセン公園》にもよく連れて行きました。同園は《県民の森》の近くにある広い公園で、園内ではアスレチック、水遊び、乗馬、サイクリングなどが楽しめます。

冬はスキー

小学4年生だった長男を福島のスキー場に行かせた《福島送り》については序章で書きました。実はそのとき、長男は現地で悪行の限りを尽くし、数多くの方々に多大なご迷惑をおかけしました。私はそのことを深く反省し、翌年の福島送りを見送りました。

その翌年、小6になった長男が秋頃に尋ねてきました。

「今年も福島送りないの？」

私が「行きたいの？」と聞くと行きたいという返事がありましたので、私は《第2回福島送り》を実施しました。長男は大きな問題を起こすことなく無事帰宅しました。帰宅した長男が楽しそうにスキーの話をするのを聞いて、私は思いました。

「次男と三男にもスキーを体験させる必要がある」

翌年、私は息子たちを福島のスキー場に連れて行きました。スキーのできない夫も連れて行きました。スキー場では長男が先生でした。長男が滑り方をわかりやすく教えてくれましたので、私も下2人もすぐにコツをつかむことができました。夫はスキーが性に合わなかったようで終始ソリで遊んでいました。

スキーの楽しさを知った私は以後毎年、息子たちをスキー場に連れて行きました。福島だけでなく長野や新潟のスキー場にも連れて行きました。

年末は大掃除とおせち作り

学校の冬休みが始まると、私は息子たちに家の大掃除をさせました。まずは各々の自室を掃除させ、その後、様々な清掃作業を割り当てました。家中の窓、網戸、玄関、電灯の笠などを掃除させました。

私と息子たちは師走の28日に餅つき機で餅を作り、その後、大晦日までにおせち料理を作りました。三段重を2セットです。1つは我が家のためのもので、もう1つは義父母のためのものでした。長男には毎年「田作り」を作ってもらいました。次男には「伊達巻き」

を作ってもらいました。三男には「手綱《たづな》こんにゃく」を作ってもらいました。いずれも私がサポートしました。

私は毎年息子たちと一緒におせちを作りながら、彼らが一品一品の持つ意味を覚えているかどうか確かめました。料理は品数が多いと作るのが大変です。彼らはおせちを作りながらこのことも学ぶことができたと思います。

長男は大掃除の後はたいてい不機嫌になって言うことを聞かなくなる子でしたので、私は彼に田作りを作ってもらう際はいつも次のような言葉で誘導しました。

「田作りと◯◯（長男の名前）は発音が似ているから、作れば来年いいことがあるよ」

つわりが始まったらイワシを食べる

妊娠初期の妊婦は吐き気、嘔吐、唾液分泌亢進、嗜好の変化などのつわり症状に見舞われますが、私のお腹の中に長男がいたときは、これらのうち2つの症状が現れました。それは吐き気と嗜好の変化です。

妊娠6週頃、私はお腹が空くと吐き気を催すようになりましたので、こまめにパンなどを食べるようにしていました。つわりが始まってから数日後、その日は節分でしたので、私は近所の魚屋で目刺しを買ってきました。それを焼いて食べた私はびっくりしました。赤身の魚ほど好きではない青魚が大変おいしく感じられたからです。

その日から数日ほど食卓に目刺しを出し続けたところ、「またか」という言葉を夫が吐きましたので、私は翌日魚屋で別の青魚を買ってみました。購入した魚はアジです。それをフライにして食べた私はまたびっくりしました。とてもおいしかったからです。

私はつわりが始まる前はマグロ、カツオなどの赤身の魚が好きだったのですが、つわりが始まると青魚が好物となりました。好みが変わってしまったのです。毎朝作る《落とし卵の味噌汁》の出汁はカツオから煮干しに変えました。夕食の献立は《目刺し→アジ→イワシ→サバ》のローテーションとなりました。小腹が空いたときは、煮干しの出し殻を酢に漬けたものを食べました。

つわりが始まると、レバーとほうれん草も好物になりました。私はレバーを毎日食べたかったのですが、レバーの過剰摂取が胎児の発育に悪影響を与えることを知っていましたので、レバーを食べるのは週1回と決めていました。

その後しばらくしてつわりが治まると、好みが元に戻りました。しかしどういうわけかマグロは受け付けませんでした。

次男と三男それぞれが私のお腹の中にいたときも同じことが起こりました。妊娠6週目につわりが始まり、青魚とレバーとほうれん草が好物になりました。次男がお腹にいたときは雑煮も好物となりましたので、私は雑煮をたくさん食べました。また、三男がお腹にいたときはキュウリやトマトなどの生野菜も好物となりましたので、私は野菜をたくさん食べました。

息子たちは３人とも小さい頃から青魚が大好きです。次男はお雑煮が大好物です。三男は生野菜が大好きです。息子たちは３人とも《私がつわりの間だけ好きになった食べ物》が好きなのです。とても不思議です。つわり中の食事は胎児に重大な影響を与えるような気がします。

乳幼児に毎日歌声を聞かせてあげる

息子たちそれぞれが乳幼児だった期間、私は毎日音楽を聞かせました。聞かせた曲は私の好きなクラシック音楽ではなく幼児向けの曲です。ピアノやエレクトーンを演奏して聞かせる日もあれば、カセットテープを再生して聞かせる日もありました。

私が聞かせたのは楽器やテープの音だけではありません。歌詞を歌って歌声も聞かせました。子どもたちは3人とも1歳を過ぎた頃に歌えるようになりました。私が曲の冒頭部分を歌うと、彼らはその続きの歌詞を言うことができました。子どもたちが歌詞以外の長い文を話せるようになったのは2歳を過ぎた頃でした。

第 6 章

Q&A

本章について

2017年、私は子育てに関する電子書籍をセルフ出版しました。するとありがたいことに読者の方々から問い合わせのメールが何通か届きました。本章ではこれらのお問い合わせに対して私が行った返答を紹介します。

紹介する返信メールは原文そのままではありません。私の短い返信メールに厚みを持たせるため、大量の肉付けを行いました。このため本章各話は元のメールとはだいぶかけ離れたものとなりました。どの話も元のメールの数倍以上の分量があります。

読者からのお問い合わせの中には「子どものゲーム中毒を治すにはどうしたらよいですか？」というものもありました。このお問い合わせに対する私の返答は、編集の上第2章に収録しましたので、本章では紹介しません。

Q

旦那さんが子育てにどのように関わったのか教えてください。

私にとって夫は最も近くにいる他人です。お互い考え方も興味関心の対象も異なりますから、私たち夫婦は例えるならば「背中合わせに立って別の方向を向いて寄り添っている2人の男女」です。私たちは近くにいますから協力することはあるものの、互いに別の方向を向いていますので連携がうまくいかないことがあります。

夫婦の連携は、私が頭を使い夫が手足を使った場合にうまくいきました。前にも書きましたが、キャンプの計画を練って準備をしたのは私で、輸送したのは夫でした。毎年海水浴の計画を立てて宿の手配をしたのは私で、輸送したのは夫でした。子どもたちを利根川に連れて行くよう指示したのは私で、輸送したのは夫でした。

私にとって夫は運送業者でした。夫は仕事に忙しく、仕事のことしか頭にない人でしたから、子どもを遠くに連れて行き何かを体験させるという発想が自然には湧いてこない人でした。

夫の手足ではなく頭に頼ろうとするとよい結果は生まれませんでした。人の言葉を理解しない山のような存在であった長男をどう育てたらよいのか、私はかつて日々悩んでいました。私は夫に何度か相談しましたが、この人の返答はいつも同じものでした。

「言葉で言っても無理だからあきらめよう。成長するのを待とう。その間どうするかはお前に任せる」

夫は全く頼りになりませんでしたので、私は日々試行錯誤し、山を海へと導く様々な誘導手法を考案していきました。

夫は私にとっては以上のような人でしたが、子どもたちにとってはよい遊び相手だったようです。夫は子どもっぽい人でしたので、よく子どもたちの遊びに加わっていました。休日に子どもたちが家の前でキャッチボールやかけっこを始めると、夫はたいてい参加しました。夏休みになると子どもたちは家の近くの林で毎朝カブトムシ取りをしていたのですが、夫はこれにも参加していました。

夫が子どもたちと遊ぶ場所は常に家の近くでした。私が当時躍起になって息子たちを遠くへ連れ出そうとしていたのは、夫のこの習性のせいでもありました。

私の健康のために、夫に関する話はここまでにしたいと思います。

Q 共働きで3人の子どもを育てるのは大変ではありませんでしたか？ 親戚の力をお借りになったりしたのですか？

私は母を早くに亡くしました。父や妹など私の親族は千葉県から遠く離れた所に住んでいました。また、義父母など夫の親族は私にとっては別世界の住人で、近づき難い存在でした。以上の理由により、私は子育てに際して親戚の力を借りることができませんでした。

長男が人間の言葉を理解しない山のような存在であったことはこれまでに何度か述べました。しかし、より正確に表現すれば、彼は活火山のような存在でした。

長男は幼少時、2～3ヵ月に一度の頻度で扁桃炎を発症し、4～5ヵ月に一度の頻度で自家中毒を発症する子だったからです。扁桃炎とは喉にある扁桃腺が炎症を起こし、38・5℃以上の熱がきっかり3日間だけ出る病気です（長男の場合）。自家中毒とはストレスなどが原因となって胃の内容物をすべて戻してしまう病気です。

定期的にそして突然に色々なものを出す長男はまさに活火山でした。

次男と三男がまだ乳幼児だったときにこの活火山（長男）が噴火した場合には、近所の方々の助けを借りました。私は次男を近所の人に預かってもらい、三男を抱えて長男を病院に連れて行きました。三男は病気でもないのに病院に行った回数が3人の中で最も多い子です。それで免疫がついたのか、三男が何かの病気にかかったという記憶が私にはありません。活火山が我が家に1つだけだったのは本当に幸いなことでした。

ピアノ・エレクトーン教室の開業当初、私は研修・見学のため午前中や昼間は県外にいることが多かったです。また、夫も県外に行くことが多い人でした。私と夫が共に県外にいる間にこの活火山（長男）が噴火した場合も近所の方々の力を借りました。

学校に迎えに行っていただいて、看病をしていただきました。当時は携帯電話がありませんでした。担任の先生方は噴火の発生を私にも夫にも伝えられないと判断した場合には、ご近所に電話をかけてくださいました。近所の方々の御助力には今も感謝しています。

近所の方々だけでなく学校の先生方にも色々と助けていただきました。長男は小学生の頃、学校という実験室で日々様々な実験を行い、数多くの人的・物的被害を引き起こしました。しかし先生方は長男を叱りつけることなく優しくカウンセリングをし、私に電話をかけてくださいました。

長男が小学5~6年生のときの担任の先生は彼の絵の才能を伸ばしてくださいました。先生は長男が中学生になった後も、絵のことで何度か我が家を訪問してくださいました。小学校の音楽の先生は長男の音楽の才能に気づき、かなり独特な手法でその芽を開花させてくださいました。長男が中1のときの担任であったI先生も、彼の才能や性格を見抜き、きめ細やかな対応をしてくださいました。I先生は長男が中学校を卒業した後大学に合格するまで色々と気にかけてくださいました。

近所の方々や学校の先生方の御助力なしには、活火山1名を含む3人の息子たちを育て上げることは不可能でした。本当に感謝しております。

補足

長男の音楽の才能に気づいた小学校の音楽教諭のご指導方法は、ピアノ・エレクトーン教室を経営する私から見てもかなり独特で面白いものでしたので、紹介したいと思います。

(1) 楽譜は読めなくてもいい。ペダルは踏みっぱなしでいい

ある日、長男が楽譜を持って学校から帰宅しました。彼が小学校6年生だったときのことです。冬休み前だったと思います。楽譜の曲名は「門出の歌」です。

「卒業式の合唱練習でピアノをやれって言われた」

長男のこの言葉を聞いたとき、私はびっくり仰天しました。彼はそれまでピアノを弾いたことがありませんでしたし、楽譜も読めない子だったからです。

私は「門出の歌」の楽譜を読んでみて次のように判断しました。

「両手が複雑に動くこの曲の演奏は、ピアノに初めて触れる人間には不可能」

そして学校に電話をかけました。電話口に出てくださった音楽の先生は次のような説明をしてくださいました。

「音楽を聴いてイメージしたものを絵に描く授業と、オルガンの授業での様子を見て思いつきました。きっとできると思います。今度私が弾いて耳で覚えさせます。ペダルは最初から最後まで踏んだままでもいいかなと思っています」

ペダル踏みっぱなしの曲が体育館で鳴り響く様子を想像して、私は血の気が引きましたが、長男にやらせてみることにしました。よい経験になると思ったからです。

長男は五線譜を指で数えながら音符一つひとつに階名を振りました。どの音符をどれくらい長く弾けばよいのかわからない彼のために、私が一回演奏してあげました。ミスなく演奏することができませんでしたので、さらに続けて何度か弾いて聞かせました。

長男は飲み込みが早く、その後1週間ほどで弾きこなせるようになりました。音楽の先生がおっしゃっていた通りでした。

「この方の洞察力や指導法を見習わないといけないな……」

私は大いに反省しました。

(2)子どもがピアノに興味を示したら即座に誘導する

当時、長男は私の誘導によりクラシック音楽を聴くのが好きでした(第2章参照)。中でもショパンのポロネーズやエチュードなどの難曲を好んで聴いていました。「門出の歌」が弾けるようになって自信がついたのか、卒業式の少し前に彼が言いました。

「『英雄ポロネーズ』の楽譜持ってる？　弾いてみたい」

私は目が点になりました。「英雄ポロネーズ」は私が一生かかっても弾けないほどの難曲だからです。私のレッスン室にそんな難曲の楽譜は当然ありませんでしたから、翌日、私はヤマハに行って楽譜を買ってきました。週末になるのを待つことはしませんでした。めったに来ない誘導の大チャンスだと直感したからです。

長男は楽譜の最初のページに階名を振り、練習を始めました。しかし数日後にギブアップしました。私は様々なピアノ曲の難易度が書かれた表を長男に見せました。そして、F級（最高難度）の曲はまだやめておいた方がいいとアドバイスしました。彼がギブアップした「英雄ポロネーズ」はF級です。

長男はその難易度表を見て次に挑戦する曲を決めました。彼が選んだ曲は「軍隊ポロネーズ」でした。難易度はE級です。この楽譜も私の教室にはありませんでしたので、急いで買いに行きました。

《ダブルシャープの記号》や《指1本で鍵盤2つを同時に弾くことを指示する記号》などの意味は私が教えましたが、基本的に彼の先生はCDでした。長男は1ヵ月ほどで「軍隊ポロネーズ」を弾きこなせるようになりました。私は自分が主催するピアノ発表会に彼を特別出演させることを決めました。

発表会当日、彼の演奏は素晴らしいものでした。私よりも上手でした。長男の音楽の才能に気づいて開花させてくださった小学校の先生にはとても感謝しています。

Q ペットは子どもにどんな影響を与えますか?

我が家では数多くのペットを飼育していました。飼育していたペットの種類と個体数をすべて書くのは大変ですので、ここでは一部のみを示します。

ネコ3匹（それぞれの飼育時期は重複していません）

ニワトリ3羽（同前）
文鳥2羽（同前）
カメ2匹（同前）
ハムスター3匹（同時期に飼育していました）
犬1匹
カブトムシ、クワガタムシ……毎年約20匹
ザリガニ……毎年約30匹
バッタ……毎年約50匹
魚……多数

我が家では同一種の動物には同一の名前を付けました。一例を示すと次の通りです。
ネコ3匹……初代みーちゃん、二代目みーちゃん、三代目みーちゃん
ニワトリ3羽……初代タロウ、二代目タロウ、三代目タロウ
文鳥2羽……初代テピ、二代目テピ
カメ2匹……初代カメ、二代目カメ

なお、同時期に飼育されていた3匹のハムスターには、それぞれの飼育担当者（息子たち）が異なる名前を付けました。また、モスラ（41ページ参照）以外の魚類と昆虫には名前がなかったと思います。

家にペットがいると子どもは飼育と観察を行いながら色々なことを考察します。そして何らかの着想を得たときには実験を遂行して知見を獲得します。したがって、ペットは子どもの育脳に適した教育道具であると言えます。

様々な魚類を飼育していた息子たちは「エサの成分を変えれば魚の体色を変えられるのでは？」と考え、人間用の健康食品をエサに配合して日々魚に与えていました。彼らはクロレラやスピルリナなどの健康食品をペースト状にし、固形飼料を1粒ずつそのペーストでコーティングする作業をキッチンなどで定期的に行っていました。私は「よくそんなこと思いつくなぁ……」と感心しながら作業風景を見守ったものです。

文鳥をニワトリのような採卵鳥にできないものかと考えてあれこれ試す子もいました。この実験は成功し、我が家の文鳥は定期的に卵を産むようになりました。つがいで飼育していないのに卵を産む文鳥のことを私は不気味に思い、卵を食べる気にはなれませんでしたが、息子たちは食べていました。

ペットが家にいれば、好奇心旺盛な子どもは考察と実験を自発的に開始します。ペットはとても優れた教育道具であると思います。

Q お子さんが小学生だった頃の1日のタイムスケジュールを教えてください。

当時の我が家の基本的なタイムスケジュールは次の通りです。例外については後述します。

7時00分、起床
7時30分、朝食
7時55分、学校へ出発
18時00分、勉強（宿題の国語と算数のドリル＋国語教科書の音読）

18時52分、NHKの天気予報が始まったら食卓の準備（テーブルを拭く、食器を並べる、料理を運ぶといった仕事を私が息子たちに割り当てました）
19時00分、夕食
21時00分までに入浴を済ませて布団に入る。その後読書
21時30分、消灯

18時勉強開始というスケジュールは、日々の繰り返しのおかげで息子たちの脳に完全に刷り込まれていました。

「天気予報が始まるまでに勉強を終わらせないと夕食が食べられない」

このような強迫観念が彼らの中にあったのかもしれません。そのようなルールはありませんでしたが。

長男は小学5年生のときクラスメイトのKさんの影響で勉強に目覚め、午前1時頃まで勉強することがありました（第3章参照）。この深夜の勉強は彼が自室で自主的に行っていたものでしたので、当初、私は気づきませんでした。気づいた夫からの報告を聞いて知りました。私は深夜の勉強を黙認しました。

私がファミコンのプレイ時間を1人30分に制限するルールを制定した直後、息子たちは午前5時頃に起床してゲームをすることがありました（第2章参照）。毎日そうだったわけではありません。私が早朝に目覚めてトイレに向かうと、だいたい3回に1回の頻度で早朝プレイを目撃しました。早朝のゲームプレイは数ヵ月ほどで見かけなくなりました。

Q 小学生のうちは、1日60分の《ドリル演習》と《教科書音読》だけで十分なのですか？　他にも何かやった方がいいことはありますか？

我が家のお勉強タイム（18時〜19時）に子どもたちが取り組んだものはその2種類のみでした。宿題の《国語と算数のドリル演習》と《国語教科書の音読》だけでした。

我が家では、お勉強タイム以外の時間帯にも、見方によっては勉強と言えるようなことを親子でよくやりました。それはゲームです。

ゲームと言いましてもファミコンのことではありません。例えば「1234」を10回足し算して「12340」という正解を得るまでの時間を競うゲームですとか、反対に「12340」から「1234」を10回引き算して0という正解を得るまでの時間を競うゲームなどのことです。このゲームはテレビか何かで知ったものなのですが、一時期我が家で流行しました。現在はインターネットで「エレベーター算」と検索すると問題を無料でダウンロードできるようです。

かつて我が家ではかけ算の計算ゲームも流行したのですが、具体的にどんな問題を使って競っていたのかは忘れてしまいました。たしか、かけ算の筆算の各所に設けられた空所を埋めさせる問題だったと思います。途中計算は書かれておらず、掛け合わせる2数と答えに空所があり、共通の数字が入る空所には共通の記号が書かれていたように思います。

私がこれらのゲームをかつてよく息子たちとした理由は「私自身が勝ち負けを競う遊びが好きだったから」です。私は結婚前からトランプ、花札で夫を負かすことが好きでしたし、毎年新聞に掲載されているセンター試験を解いて点数を競う遊びで夫を負かすことも好きでした。

ゲームでの勝利は私に快感をもたらし、敗北は再戦意欲をもたらしましたので、私は様々な勝負事を繰り返し行いました。私にとって勝負は快楽なのです。前述の計算ゲームはたいてい私が勝利しましたからとても楽しいものでした。

私たちは記憶力を競うゲームもよくやりました。**家ではトランプの神経衰弱ゲームをよくやりましたし、外食先では必ずメニューの暗記ゲームをしました。車での移動中はクラシックを聴きながらしりとりをしました。**

メニューを暗記するゲームはファミリーレストランのテーブル上にあるサイドメニュー表を利用して行いました。「サイドメニュー表を1分間で覚えた後、上から順にメニュー名を全部言うことができれば勝利」というようなゲームです。勝者はデザートを1品追加注文することが許されました。デザート専用のメニュー表を使って同様のゲームをすることもありました。

次男は短期記憶が得意な子ですので、メニューの暗記ゲームでは常に勝者でした。一方私はいつも上から数個目くらいまでしか覚えられず、常に敗者でした。

メニューの暗記ゲームは一度の外食につき1回のみと決めていましたので、敗北した私は再戦できませんでした。しかし不満はありませんでした。次男が追加注文分のデザートをいつも半分くれたからです。

子どもにファミコンやスマホで遊ばせるのではなく、色々と工夫して親子で勝ち負けを競い合えば、育脳の効果があるかもしれません。

おまけ

このコーナーでは
本編に収まりきらなかった
息子たちとの思い出話を
２つ紹介します。

両方とも少々長い話なのですが、
《上手に誘導してあげる子育て》
の大切さ、大変さが
伝われば幸いです。

おまけ1 ニワトリのタロウ

▼初代タロウ

「ヒヨコがいっぱい生まれたからもらってほしい」

ある日、友人からこのような電話がありましたので、私はとりあえず見に行きました。長男が小学4年生だったときのことです。私が友人宅のリビングに入ると、小さな黄色い球体たちがピヨピヨと音を出しながら床の上をランダムに動いていました。友人に事情を聴くと次のような説明がありました。

「もらった有精卵が本物かどうか確かめようと自作の孵卵器《ふらんき》で温めたら、何個か孵《かえ》ってしまった」

私は一羽もらうことにしました。息子たちのよい勉強道具になると思ったからです。

息子たちは帰宅した者から順にヒヨコの観察をスタートしました。３人ともリビングを歩き回るヒヨコを近距離で見つめていました。近距離とは１メートルのことではありません。約15センチのことです。３人はヒヨコが歩く先々に新聞紙を敷き、床がフンで汚れないよう注意しつつ観察していました。

長男の強い要望によりヒヨコの名前はタロウに決まりました。性別不明のヒヨコにそのような名前を付けていいのか、４人で少し議論した記憶はあるのですが、そもそもなぜ長男がタロウという名前にこだわったのかは覚えていません。

１～２ヵ月後、私たちはタロウがメスであると断定しました。この初代タロウについては第５章に書きました。彼女はサイヤ人のように凶暴・好戦的な性格でしたが、長男にはよくなついていました。タロウは長男に呼ばれればすぐに駆け付け、待てと言われれば雪の中で何分も待ち、やれと言われれば誰にでも飛び掛かりました。タロウは鷹狩りに使えそうな鳥でした。ニワトリとは思えないほどの高い知能を持っていました。

ある日、タロウは次男に大けがを負わせました。彼は危なく失明するところでした。長男がいないときに起きた事故でした。その夜、私は夫と相談し、タロウに関してある決断をしました。深夜のうちに2人で実行しました。動物愛護主義者からクレームが来ると煩わしいですから、詳細については省きます。

初代タロウが我が家から消えた翌朝、私は長男に事の詳細を伝えました。彼は何も言いませんでした。予想とは異なる反応でした。このとき長男がいつものように反発し、激高してくれていたら、私は彼が納得するまで話し合いをするつもりでした。しかし長男は黙って何も言わなかったのです。そのため私は事あるごとにタロウの件を思い出しては悩むようになりました。

「あの決断は本当に正しかったのか？」

「長男は私を恨んでいるのではないか？」

初代タロウ事件の後、苦悩の日々が続く中で私は次のような考えを持つようになりました。「またニワトリを飼おう。ただし失明事故だけは防ぎたいから、ニワトリを飼うのは次男と三男がサイヤ人よりも強くなってからにしよう」

ニワトリの再飼育計画

事件から3〜4年たった頃のある日、友人が少女漫画を12冊貸してくれました。漫画のタイトルは『動物のお医者さん』です。私は毎日時間を見つけては少しずつ読み進めました。すると作中にタロウが出てきたのです。正確に言うと、登場したニワトリはヒヨちゃんという名のおんどりなのですが、人に襲い掛かってケガをさせるほどの凶暴性を持っているという点で、彼はタロウと瓜二つでした。

作中にヒヨちゃんが登場するたびに、私の頭の中ではタロウの記憶がフラッシュバックしました。

「下2人がけっこう大きくなってきたからもういいかな……」

漫画を読み進めるうちにこう思い始めた私は、ニワトリの再飼育に向けて計画作りに着手しました。

はじめに浮かんだ案は《私がペットショップかどこかでヒヨコを買ってきて長男に与える》というものでしたが、これを採用するわけにはいきませんでした。もしこのようなことをすれば、「タロウじゃないと意味がない！　今くれるならあのとき処分しなきゃよかったのに！」と言って長男がヒヨコを拒絶する恐れがあったからです。

「まずはヒヨコが欲しいかどうか尋ねて、返答を聞いてから買い与えようかな？」

「友人からもらったと言ってヒヨコを渡そうかな？」

私は長男が拒絶しないようなヒヨコの与え方を色々と検討しました。しかしどれも若干の難点があり、完璧と思えるような妙案は思い浮かびませんでした。やがて私はニワトリ再飼育計画のことを忘れて仕事に没頭するようになりました。

そんなある日、地域情報誌を読んでいたところ、思わず息が止まるような広告が目に入りました。

「有精卵の採卵体験・有精卵の料理体験」

このような言葉がちりばめられていたその広告は県内の有精卵農場が出稿したものでした。この広告を見た私の頭の中では発想の大転換が起こりました。

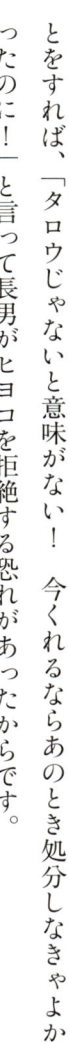

「ヒヨコを与えるのではなく、有精卵の孵化《ふか》をやらせよう！」

「長男を農場に連れて行ってニワトリや有精卵を目の当たりにさせれば、実験が大好きな彼なら卵の孵化実験を始めるに違いない！」

私は長男を採卵ピクニックに誘う名目について検討しました。卵の孵化・飼育という真の目的を明示して誘うと、長男が前述のような拒絶反応を示す恐れがありましたので、私は孵化・飼育とは別の名目を検討しました。そして私はついにニワトリ再飼育計画を完成させました。計画の概要は次の通りです。

1、お菓子の材料を手に入れるという名目で、息子たち3人を有精卵農場に連れて行く

2、彼らに採卵を体験させる

3、農場でニワトリや有精卵を目にした長男が卵の孵化を望んだら許可してあげる

出発の数日前、私は息子たち3人にこう伝えました。

「有精卵でカステラを作るとおいしいらしいから、週末は有精卵農場に卵を取りに行くよ」

私は孵化、飼育といった言葉は一切使いませんでした。

孵化の許可を求める長男からの申請は、予想よりも1日早く私のもとに届きました。

「卵を孵化させてもいい？」

出発前夜、長男が私の寝室に来てこのように尋ねましたので、私は「いいよ」と答えました。

▼二代目タロウ

有精卵農場ではオスとメスのニワトリが一緒に飼育されていて、あちこちの穴やタイヤの中に藁と卵が入っていました。タロウの爪で大けがをした次男はニワトリを怖がってしまうかな、と私は心配していたのですが、卵を温める親鶏を足で蹴散らしてどんどん卵を集める姿を見て安心しました。

農場から戻った直後、長男に呼ばれて彼の部屋に行くと、窓辺に大きな装置があり、中には卵が2つ置かれていました。この孵卵器は白熱球の卓上スタンドと水槽を組み合わせたもので、中には温度計などが設置されていました。かなり大掛かりな装置でしたから、彼が出発前の何日間かで作った物だと思います。

数日後、再び彼に呼ばれて部屋に入ると、卵を光にかざしてみるよう言われました。言われた通りにかざしてみると、卵の中に血管やら何やらがあるのが見えました。「本当に有精卵なんだ！」とドキドキしたことを覚えています。

それからしばらくして、長男が「学校の遠足を欠席したい」と言ってきました。その遠足は一泊二日ほどの日程でしたが、まだそのとき彼は中1か中2でしたので、修学旅行とは別のものだったと思います。

「卵を採った日を産卵日とすると遠足中に孵化する」

「温度調節が難しいから、卵から長時間離れるわけにはいかない」

長男はこのような理由を述べて私に遠足の欠席を求めました。

私は中学校に電話をかけ、長男が卵の孵化実験を遂行中であることと、遠足を欠席したがっていることを伝えました。すると担任の先生は「お好きに決めてください」と言ってくださいました。

私は先生の言葉をそのまま長男に伝えました。彼は案の定、遠足に行くことを決めました。長男は「やだやだ」と言っているときに「じゃあ好きにしな」と言われるとやるタイプの子でしたので、私は先生の言葉をそのまま伝えない方がいいような気がしていたのですが、ついそのまま伝えてしまいました。

「遠足を休んでしっかり孵化を観察してくださいって先生が言ってたよ」
このように長男に伝えればよかったと私は後悔しています。

遠足から戻って2～3日たった頃、長男がひびの入っていない2個の卵を持ってリビングに来ました。夕食後のことだったと思います。
「たぶんダメっぽい。割ってみる」
この言葉を聞いたとき、私は自室に逃げようと思いました。卵からゼリーが出てきたら怖いからです。しかし、もうこれ以上ニワトリ関連の後悔事を増やしたくなかった私は、長男の一大実験の結末を一緒に見届けることを決めました。
2個の卵のうち1つは電灯にかざしても光が透けませんでしたので、中には個体の何かがあるようでした。腐敗臭はしませんでした。長男は食卓の上で光が透けない方の卵を割りました。中には羽毛の生えそろったヒナがみっちりと入っていました。しかし生きてはいませんでした。孵化直前に亡くなったように私には見受けられました。

長男はこのヒナに《タロウ》という名前を付けました。同一種には同一の名前を付けるという我が家の慣習はこのときに始まりました。

三代目タロウ

それから1~2年たった頃のある日、ピヨピヨと鳴き声のする箱を持って長男が帰宅しました。彼が箱を開けると、中にはヒヨコが1匹入っていました。私はびっくりして事情を聴きました。彼からは次のような説明がありました。

「タウンページで調べて電話で予約したのを電車で行って買ってきた」

長男はそのヒヨコをタロウと名付けました。三代目タロウです。

初代タロウのときと同様に小屋は夫が作りました。成鳥となった三代目は初代を超える凶暴性を持っていました。初代はサイヤ人でしたが、三代目はスーパーサイヤ人でした。長男以外は怖くて近づくことができませんでした。

初代、二代目と同様に、この三代目タロウも悲劇的な最期を迎えることになるのですが、ニワトリの話はもうこれくらいにしておきたいと思います。

おまけ2

時計とのつきあい方

▼親が時計の分針を進めると問題が起きる

息子たちが小学生だった頃のある日、私はリビングの鳩時計の分針を5分ほど進めました。彼らが学校に遅刻しないようにと考えてのことでした。しかし息子たちはすぐ時計の細工に気づき、やがて《5分遅れ行動》を取るようになりました。

そこで私は時計の分針をさらに5分進めました。しかし案の定、彼らは《10分遅れ行動》を取るようになりました。息子たちはテレビ画面に時刻が表示される番組を毎朝見ていましたので、我が家では分針の操作によって彼らを誘導することは不可能でした。

私が行った分針操作は効果がないどころか、問題を引き起こしてしまいました。長男が鳩時計の針をこっそり進めたり戻したりするいたずらをするようになってしまったのです。リビングの鳩時計がテレビ画面に表示される時刻よりも20分進んでいることに気づいてびっくりする日もあれば、5分遅れていることに気づいて仰天する日もありました。

そんなことが続くうちに、私は鳩時計が指し示す時刻を信用しなくなってしまいました。時間を知りたいときはテレビ画面に表示される時刻を見るようになりました。

この長男のいたずらに関して、私は一度も彼を叱りませんでした。このいたずらは私にとってはけっこう面白いものでありましたし、また実害が全くなかったからです。私は毎朝自分の寝室の目覚まし時計に起こされて朝食作り等の作業を開始しましたので、リビングの鳩時計がいくら狂っていても特段の影響はなかったのです。

もし当時、長男が私の寝室の目覚まし時計に細工を行っていたら、私は熟慮と推敲の上で何か言ったと思います。

▼試験会場の時計は信用できないから腕時計を買ってあげる

私は長男の13歳の誕生日に腕時計をプレゼントしました。私が腕時計をプレゼントした理由は《模試の会場にある壁時計の突然の故障や不正な細工を心配したから》です。

当時長男は塾に通っていて、毎月のように模試やテストを受けていました。これらの試験の会場にある壁時計が万一故障や細工のせいで異常な動作を始めたら、受験生は時間配分を誤ったり冷静さを欠いたりして実力を発揮できなくなってしまいます。私はこのような事態を懸念し、長男に腕時計をプレゼントしました。

私が当時試験会場の壁時計を信用していなかったのは、長男のいたずらのせいで私が自宅の鳩時計を信用しなくなっていたことと関係があるような気がします。

私は長男に腕時計をプレゼントしたとき、それを塾で使用するよう言いました。私は学校の壁時計が異常な動作を始めることも心配していましたので、学校でも腕時計を使用するよう言いたかったのですが、不正行為とみなされることを心配し、言えませんでした。ただ、息子たちが通っていた公立中学校は髪型、服装、持ち物等に関して非常に寛容でしたから、ひょっとしたら長男は学校の定期テストでも腕時計を使用したかもしれません。

私は次男の14歳の誕生日に腕時計をプレゼントしました。彼が塾に入ってから数週間たった頃のことです。

私が次男に腕時計をプレゼントした理由は塾の壁時計が信用できなかったからではあり

ません。もうその頃には長男による分針操作のいたずらはとっくに終わっており、私は自宅の鳩時計に対する信用を取り戻していました。塾の壁時計に対して疑念は持っていませんでした。私が次男に腕時計をプレゼントした理由は、彼が《予備》を欲しがったからです。

14歳の誕生日に何が欲しいか尋ねたときの次男の返答を私はよく覚えています。

「予備のシャーペンと予備の消しゴムは持っているけど、塾の壁時計の予備は持っていない。だから腕時計が欲しい」

次男はこのようなことを言って腕時計を欲しがりました。当時彼は塾の壁時計を完全には信用していなかったのです。幼い頃に刻み込まれた壁時計に対する疑念は消えるのに時間がかかるのだろう、と私は考えました。

「上2人に腕時計をあげたのだから、三男にもあげよう」

次男に腕時計をプレゼントした後このように考えていた私は、三男が13歳になる少し前に、腕時計が欲しいかどうかを彼に尋ねました。

すると三男からは「いらない」という返答がありましたので、私は水辺の生き物をプレゼントしました。具体的にどんな生き物を買ってあげたのかは残念ながら思い出せません。三男への誕生日プレゼントは毎年水辺の生き物でしたので、どの年にどの生き物をあげたのかまではさすがに覚えていないのです。

腕時計を置き時計として使えば試験時間をムダにしない

私は次男に腕時計をプレゼントしたとき、次のようなアドバイスをしました。

「模試やテストの最中、時間を知るためにわざわざ左手を動かして腕時計を見るのは時間のロスだから、腕時計の金属ベルトをコンパクトに折りたたんで置き時計として使うといい」

このアドバイスを行ってから2～3年後、次男の腕時計は故障してしまいました。故障の原因は、当時の彼が言うには「落下の衝撃」でした。次男は私のアドバイス通りに腕時計を置き時計として使っていたため、床に何度も落としてしまい、そのせいで故障したようなのです。

子どもには耐衝撃性能がしっかり備わった、ゾウが踏んでも壊れないような腕時計を買ってあげて、置き時計として使わせるとよいと思います。

私は次男から故障の報告を受けたとき、修理に出したいかどうか尋ねました。

「別になくても大丈夫」

彼はこのようなことを言って断りました。腕時計が必要でないことを理由に修理を断ったのです。次男が壁時計を信じる心を取り戻せて本当によかったと思いました。

▼分刻みの勉強計画を厳密に実行しようとすると「時計病」を発症する

東大に合格してから1～2ヵ月たった頃、長男が心の不調を訴えました。

「受験が終わったのに『時間に追われる感覚』が抜けないから精神科病院に連れて行ってほしい」

本当に病院へ連れていく必要があるのかどうか判断するため、私は長男に発病時期、思い当たる原因、具体的な症状、生活への支障の有無・程度などについて尋ねました。このカウンセリングにおける長男の各返答を1つにまとめると、次のようになります。

「受験生の頃、帰宅してから寝るまでの8時間の間に全科目まんべんなく勉強したくて、分刻みのスケジュールを作った。スケジュールを決して破ってはいけないと考えていたから、問題を解いている途中でも時間が来たら次の科目の勉強に切り替えた。

各科目の勉強が中途半端なところで終わることを繰り返していたら、時間に追われる感覚、焦燥感、ソワソワ感のようなものを感じるようになった。そうなったのがいつなのかはわからない。合格後も心がそわそわしてリラックスできないからテレビや読書を楽しめない」

私は長男を心療内科と精神科のみがある大きな精神科病院に連れて行きました。診察室には私も入りました。彼を診察してくださったロングヘアの若い先生は名医でした。先生は長男の話を聞くと、同じ症状に悩まされたことのある歴史上の偉人の話をしてから、次のようにおっしゃいました。

「受験が終わったのだから数ヵ月で治りますよ。治らなかったらまた来てください」

先生は薬を1錠も処方なさいませんでした。私はロングヘアの名医さんにもう一度お会いしたかったのですが、長男が治ってしまいましたので、その願いは叶いませんでした。

私はこの騒動を経て次のような教訓を得ました。

《子どもが分刻みのスケジュールを作ってそれを厳密に実行しようとすると、時計病にかかって心の調子を崩してしまう》

次男と三男は完璧主義者ではありませんでしたので、私はこの2人が時計病にかかる可能性は低いだろうと考えました。しかし、病気になってからでは遅いですから、私は当時中高生だった2人にアドバイスを行いました。

「勉強スケジュールは目安と考えた方がいいよ。スケジュール上数学の次は英語と決まっていたとしても、数学をたくさんやりたい気分なら英語をつぶして数学をやればいいと思う」

たしかこのような感じで話をしたように思います。長男が精神科病院で診察を受けたことも話しました。私は次男と三男それぞれが大学受験生になったときにも同じようなアドバイスを行いました。幸いなことに、彼らが時計病にかかることはありませんでした。

教訓を活かそうとすると不幸を生むことがある

《長男を育てる過程で得られたことを次男の子育てに活かし、次男を育てる過程で得られたことを三男の子育てに活かす（※）》

これは一見よい手法であるように見えますが、実際には子どもに不幸を味わわせることもある諸刃の剣であるということを、私は3人を育てる間に学びました。前記の（※）を次の4つに分けて考えるとわかりやすいと思います。

1、親が長男に何かをしたら悪い結果になった、という教訓を次男に活かす
2、親が長男に何かをしたらよい結果になった、という経験を次男に活かす
3、長男が自分で何かをしたら悪い結果になった、という教訓を親が次男に教える
4、長男が自分で何かをしたらよい結果になった、という経験を親が次男に教える

1と2の子育て方法を実践している親は、特定の目的を達成したいという強い願望を持っているため、子どもに何らかの行動や忍耐を強制してしまう傾向があります。そのような親は子どもには不幸を、自らには後悔をもたらす場合があります。

一方、3と4の子育て方法は他者の経験を紹介する誘導的な手法ですので、不幸や後悔をもたらす恐れはほとんどありません。

1と2を実践する際は、子どもを強制的に従わせるのではなく、知恵を絞って上手に誘導してあげるとよいと思います。時計病に関する教訓を次男と三男に教えた私の行為は3に該当するものでしたので、不幸も後悔ももたらしませんでした。

前記の3と4を実践するためには、子どもが自ら得た教訓や経験を親がしっかり把握しておく必要があります。ですから、親は子どもに多くのことを体験させ、子どもがその体験を通じて何を得るのかよく観察することが大事であると思います。

余談

現在の息子たちが腕時計を1本くらいは持っているのか、私は筆を進めつつ気になりましたので、3人に腕時計の有無とその理由を聞いてみました。回答は次の通りです。

長男：1本も持っていない。理由「必要ないから」

次男：1本も持っていない。理由「暑い。邪魔」

三男：1本も持っていない。理由「家にも実験室にも時計があるから必要ない。移動中は携帯を見る」

彼らにはおしゃれのために1本くらいはよい腕時計を持って欲しいと思っています。おしゃれがなぜ必要なのかを彼らに理解させるよい方法が思いつきましたら、誘導してみようと思います。

2019年現在、息子たちは3人ともスマホを持っていません。なぜスマホを持たないのか聞いてみたところ、3人の回答はすべて同じ内容でした。

「ガラケーとパソコンがあるから必要ない」

2019年現在、長男と次男それぞれの家にはテレビがありません。なぜテレビを買わないのかも聞いてみました。2人の回答は次の通りです。

長男「声がうるさい。歌声がうるさい。文章が美しくない。でも数年に一度よい番組に
出会える。これらの長短を天秤にかけたら長所の方が軽かったから」

次男「パソコンを使って2次元の世界に行くからテレビは必要ない」

長男と次男には社会の状況や動向を知るためにテレビくらいは持ってほしいと思っています。社会の情勢を知ることがなぜ必要なのかを彼らに理解させるよい方法が思いつきましたら、誘導してみようと思います。

おわりに

長男から本の執筆をすすめられたとき、私は「書くことなんか何もない」と思いましたが、昔の記憶を掘り起こす作業をしてみると、仕事と病気以外の記憶が次から次へと出て参りました。

楽しい記憶が出てきたときは楽しい気分になりました。嫌な記憶が出てきたときは後悔と反省の海に沈み、何日間も暗い気分で過ごしました。本書では後者以外の記憶を紹介しました。参考になりそうなものがありましたら、参考になさってみてください。

本書の執筆にあたっては担当編集の鈴木萌さんから貴重なアドバイスや提案を数多く頂きました。常に読者の視点に立って原稿をチェックしてくださる鈴木さんの御助力がなければ、本書はただの長編昔話となっていたと思います。鈴木さんには心より御礼申し上げます。

また、本書を執筆するにあたっては息子たちからも助けてもらいました。彼らが昔の出来事に関する詳細な情報を数多く提供してくれましたので、私は記憶の掘り起こしと執筆をスムーズに進めることができました。彼らの協力なしにはここまで精緻な思い出話は書けなかったと思います。息子たちの協力には感謝しています。

子育てと教育に充てるためのお金や時間が十分にある世帯とない世帯の両方にとって、本書が役に立つことを願っています。

杉政光子

※巻末に長男との対談を掲載しましたので、お読みいただけたら幸いです。

非常に興味深い仮説ですね。

1、読み聞かせによって子どもを本好きにしてから学習用図書を与える。

2、その子は日々読書を繰り返すうちに、《知識を得ると興奮して喜ぶ子》になる。

3、するとその子は勉強によって知識を得た場合にも興奮と喜びを得られるようになり、勉強が好きになる。

　こういう仮説ですね。孫を使って検証実験をしてみようかしら。

ナイスアイディーア！(*’▽’)

①お母さんは幼児期の僕に本を毎日読み聞かせた（6年間）

↓

②僕は本が好きになった

↓

③僕が小学生になるとお母さんは本と本棚をたくさん買ってくれた

↓

④僕は本を毎日読んだ。（「ひみつシリーズ」、図鑑、『○年の科学』（学研）、科学雑誌『Newton』などの学習用図書）

↓

⑤僕は「本を読む→神秘的な知識を得る→脳が興奮して喜ぶ」という体験を毎日繰り返した

↓

⑥僕は次第に「何か知識を得るだけで脳内ホルモンがドバドバ出て興奮と喜びを得られる体質」になった

↓

⑦小5のとき、お母さんが市販の問題集を買ってくれたので、取り組んでみた

↓

⑧解けなかった問題の解説を読んで解き方を知ったとき、脳内物質がドバドバ出て興奮と喜びを得られた

↓

⑨僕は勉強がやめられなくなった

質がドバドバ出て大きな興奮と喜びが生まれるみたいです。

若干病的ですね……。勉強の知識を得ただけでどうしてそんなに興奮や喜びが生まれるのですか？

わかりません(‘ω’)ノ

では推測してください。
《どうしてタツクリ君は勉強をすると脳内で興奮と喜びが生まれるのか？》
これがわかれば、子どもを勉強好きにしたい読者は興奮と喜びを得られると思います。返信に時間がかかってもかまいません。

お待たせしました(‘ω’)ノ
僕にとって読書と勉強はほとんど同じようなものです。
読書＝僕に知識を与えてくれて、さらに興奮と喜びをもたらしてくれるもの
勉強＝僕に知識を与えてくれて、さらに興奮と喜びをもたらしてくれるもの
両者のこの類似性に着目して仮説を1つ作ってみました。
以下フローチャートを使って説明します。

具体的にどういうことを知ったときに興奮と喜びが生まれたのですか？　返信に時間がかかってもいいですから、じっくりと昔を思い出して具体的に説明してください。

お待たせしました (>_<) 色々思い出しました (>_<)

僕はそれまで知らなかった公式とか解法とか知識を知ったときに脳内で興奮と喜びが爆発しました。新しく得た知識が複雑・高度なものであるほど、得られる興奮と喜びは大きかったです。

僕は中学生のとき独学で英語の勉強を進めていたのですが、不定詞の単元に入ったときにはかなり大きな興奮と喜びを得ました。不定詞は用法の多い複雑な単元だからです。僕は夢中になって全用法をノートにまとめて覚えました。

僕は中２のとき独学でチェバ・メネラウスの定理やフランクリンの凧《たこ》を学んだのですが、そのときの興奮と喜びもかなり大きかったです。僕は類題をたくさん作って勉強のできる友人たちに教えてあげました。

同じく中２のとき、僕は辞書を眺めていて「might」と「may have 過去分詞」の違いを知ったのですが、そのときの興奮と喜びの爆発はすごかったです。僕はすぐにすべての助動詞を調べ上げ、「助動詞＋ have ＋過去分詞」に関するレポートを作成し、英語の先生に任意提出しました。

僕の脳は知識というエサを与えられると、何らかの脳内物なぜおもしろかったのですか？　難問が解けたときに大きな達成感を得られたからですか？

いや、問題を解けなかったときの方がおもしろかった(=゜ω゜)ノ

解答冊子の解説を読んで解き方を知ったとき、「あ！　そうやるのか！　へー！」って脳が興奮して喜んだ。問題の解法を知るたびに僕の脳内で興奮と喜びが生まれたから、なかなか問題集を閉じることができなかった。だから毎日深夜まで勉強した(*’▽’)

タツクリ君が毎日勉強していた理由は《Kさんを追い抜くため》だと私は思っていたのですが、そうではなかったのですね。《問題の解き方を知るたびに脳内で興奮と喜びが生まれたから》なのですね。

タツクリ君は公立中学校に進学した後も市販問題集を使って毎日勉強していましたよね。その理由も同じですか？　問題の解き方を知るたびに興奮と喜びが生まれたからですか？

問題の解き方を知るたびにと言うか……、勉強中に何かを知るたびに興奮と喜びが生まれた。だから勉強がやめられなかった。そんな気がする(￣▽￣)

タツクリ君って誰ですか？(?_?)？

対談メールをそのまま本に載せたいので、まじめに回答してください。

Ｋさんは僕にとっては「憧れの存在」でした。Ｋさんみたいに勉強のできる子になりたくて「塾に入りたい」とお母さんに言いました。１秒で却下されましたが(；∀；)

入塾は許可しませんでしたが、問題集は買ってあげました。毎日コツコツ勉強していましたね。小学校を卒業するまでにＫさんを追い抜くことはできたのですか？

いや、できなかった(；∀；)　でもけっこう近づけたと思う(=ﾟωﾟ)ﾉ

Ｋさんのような勉強のできる子になりたいという思いだけで毎日あんなに熱心に勉強していたのですか？

いや、お母さんが買ってくれた問題集に手をつけてみたら、おもしろすぎてやめられなくなった。だから毎日勉強した(≧▽≦)

親子対談 
「子どもを勉強好きにする方法」

息子との対談を本に掲載することを思いつきましたので、対談を行いました。対談の相手は、毎日昼間からバーベキューをしているヒマ人の長男さんです。対談はメールで行いました。

対談を開始するにあたり、長男には次の３点を伝えました。

１、対談はおまけコーナーに収録するので、一人称は「僕」でかまわないこと
２、堅苦しい言葉を使う必要はないこと
３、顔文字は控えめにすること

また、この対談では長男のことを「タツクリ君」と呼ぶことにしましたので、この点も彼に伝えました（第５章参照。また、縦書きの原稿を彼に見せたところ「顔文字がかわいくない」と言われましたので、この対談は横書きにしました）。

 タツクリ君は小学５年生のとき、優秀なクラスメイトのＫさんに触発されて自発的な勉強をスタートしましたよね。タツクリ君にとってＫさんはライバルでしたか？　それともお手本でしたか？

〔著 者〕

杉政光子（すぎまさ・みつこ）

1956年生まれ。ピアノとエレクトーンの講師。主婦。千葉県在住。

地方の公立大学を卒業後、KDD（現KDDI）に入社。製造業の職人だった夫との結婚を機に退職し、３人の男の子を出産。その後音楽教室の経営をスタート。

子どもは３人とも地元の公立小学校→公立中学校→公立高校→東京大学へと進学。小学生のうちは塾に通わせず、１日１時間勉強の様子を見てあげるだけだった。子どもは３人とも毎日思う存分遊んだ。生き物の飼育、植物栽培、読書、テレビゲーム、遺跡発掘などなど。

「あ！ いま○○に興味を示している！」と気づいたら、子どもをすぐそのことに深く関わらせていた。その繰り返しが子どもたちに「喜び」と「学び」をたくさんもたらし、「全員東大合格」という結果につながったのかもしれない、本の読み聞かせとよい食事も合格の要因だろう――自身の育児体験を振り返る過程でそのような思いに至る。

子育て当時は共働き世帯で多忙なママだった。子育てが終わった今、「育児・教育に充てるお金と時間が十分にある世帯／ない世帯の両方の役に立ちたい」と願い、本書を書き上げた。


本書は電子書籍で自費出版した『公立高校から東大に合格した３兄弟の母は何をしたのか』に大幅な加筆修正を加えたものです。

公立小《こうりつしょう》・中《ちゅう》・高《こう》から東大《とうだい》に合格《ごうかく》した
3兄弟《きょうだい》の母《はは》は何《なに》をしたのか?

2019年9月25日　第1刷発行

著者―――――――　杉政光子《すぎまさみつこ》
発行者――――――　佐藤　靖
発行所――――――　大和《だいわ》書房
東京都文京区関口1-33-4　〒112-0014
電話　03-3203-4511

装丁―――――――　金井久幸（TwoThree）
イラスト、本文デザイン
―――　松好那名（matt's work）

本文印刷―――――　信毎書籍印刷
カバー印刷――――　歩プロセス
製本―――――――　小泉製本

ISBN 978-4-479-78485-2
乱丁・落丁本はお取り替えいたします。
http://www.daiwashobo.co.jp